ESSAI SUR LAFORGUE

FRENCH FORUM MONOGRAPHS

23

Editors R.C. LA CHARITÉ and V.A. LA CHARITÉ

ESSAI SUR LAFORGUE ET LES *DERNIERS VERS*
SUIVI DE LAFORGUE ET BAUDELAIRE

J. A. HIDDLESTON

FRENCH FORUM, PUBLISHERS
LEXINGTON, KENTUCKY

ͻ

Library of Congress Catalog Card Number 80-66331

ISBN 0-917058-22-4

Printed in the United States of America

TABLE DES MATIÈRES

Nous devrions pourtant lui porter quelques fleurs.
Les morts, les pauvres morts, ont de grandes douleurs,
Et quand Octobre souffle, émondeur des vieux arbres,
Son vent mélancolique à l'entour de leurs marbres,
Certe, ils doivent trouver les vivants bien ingrats, . . .

Baudelaire

Les citations renvoient à l'édition Pascal Pia des *Poésies complètes*, Livre de Poche, 1970.
Dans les feuillets sur Baudelaire Laforgue se sert de l'édition de 1868 des *Fleurs du mal*.

Abréviations

L.A.	*Lettres à un ami*, Mercure, 1941.
M.P.	*Mélanges posthumes*, Mercure, 1903.
O.C. IV, V	*Oeuvres complètes de Jules Laforgue, Lettres* I, II, Ed. Jean-Aubry, Mercure, 1922-30.
O.C. I, II	Baudelaire, *Oeuvres complètes*, Ed. Pichois, Pléiade, 1975-76.
Gautier	Notice aux *Fleurs du mal*, 1868.

Je tiens à dire ma gratitude à David Arkell pour de précieux renseignements, et à Henry Bouillier et à Alan Steele qui ont bien voulu revoir mon manuscrit.

ESSAI SUR LAFORGUE ET LES *DERNIERS VERS*

Hurler l'universel *Lamasabacktani* . . . (p. 424)

Le sentiment de l'abandon et l'appréhension d'une absence au centre de l'univers est sans doute le thème principal et le moins original de ce *Sanglot de la Terre* que, malgré le jugement du poète lui-même, naguère Ruchon et Guy Michaud estimaient le sommet de l'œuvre poétique de Laforgue. Ce prophète des temps nouveaux qui se voyait dans le rôle hugolien de mage et de songeur des vérités cosmiques au point d'emprunter au grand poète tout un vocabulaire—rage, stupeur, gouffre, énigme, sans parler des rythmes brisés, des exclamations et des questions auxquelles Dieu ne répond pas—se présente en réalité, et dès le début, comme un prophète sans prophétie et sans religion, porteur d'un message philosophique des plus désespérés. A la manière plutôt de Baudelaire, sa fonction serait de révéler à l'humanité inconsciente le malheur de sa condition, car la terre, "atome où se joue une farce éphémère" (p. 329), crèvera un jour "aux cieux, sans laisser nulle trace" (p. 353). Le pessimisme et l'influence du *Songe* de Jean-Paul Richter ne sont compensés par aucune tension entre le doute et la foi, comme ils le sont chez Vigny, si bien que la vision de Laforgue exclut dès le début la possibilité d'une synthèse capable de rendre compte de son aspiration vers l'au-delà et de son appréhension de cette absence essentielle. Comme telle elle n'a rien de neuf, mais elle est typique du nihilisme des années '80, fortement marquées par les écrits positivistes de Taine et de Renan, mais gardant, dans les milieux décadents du moins, l'impossible *désir de la foi*.

Alors le prophète se mue en consolateur et il rêve toutes les nuits qu'il ira "consoler Savonarole dans sa prison" (*O.C.* IV, p. 122). Le poète de la *Complainte de la fin des journées*, comme Stéphane Vassiliew au lycée de Tarbes, "se rêvait, seul, pansant Philoctète / Aux nuits de Lemnos." Mais il sera le consolateur d'une élite spirituelle, car, bien que fasciné par la grande ville et ses spectacles, il hait le suffrage universel, la foule, "la poignante rumeur d'une fête lointaine" (p. 327). Sa sympathie ne va que rarement au vulgaire, mais aux poètes et penseurs, Schopenhauer, Heine, Leopardi. Le plus facilement, elle s'identifie d'une manière panthéiste à toute la Terre:

> Aimez-moi. Bercez-moi. Le cœur de l'œuvre immense
> Vers qui l'Océan noir pleurait, c'est moi qui l'ai.
> Je suis le cœur de tout, et je saigne en démence
> Et déborde d'amour par l'azur constellé.
> Enfin! que tout soit consolé. (p. 359)

Si l'abandon est le thème principal du *Sanglot*, le cœur ruisselant en est l'image principale qui, elle, semble originale. On la trouve pour la première fois dans *Rosace en vitrail*, poème d'influence franchement baudelairienne, et dont les couleurs suggèrent, plutôt qu'elles ne disent, toute la gamme des attitudes et des expériences du poète—"tout ce qu'un cœur trop solitaire amasse / De remords de la vie et d'adoration." La rosace agit comme l'art, parce qu'elle chante l'adoration du poète et *enchante* ses remords, transformant les maux de sa vie en une hymne, sinon d'allégresse, du moins de consolation. Les rayons de lumière filtrant par le vitrail semblent ruisseler comme du sang, justifiant ainsi la comparaison de la rosace au Sacré-Cœur du Christ ou de la Vierge:

> D'abord, ton Cœur, calice ouvré de broderies,
> Semble, dans son ardeur d'âme de reposoir,
> Un lac de sang de vierge, où mille pierreries
> Brûlent mystiquement, nuit et jour, sans espoir!

Ici le poète ne fait que suggérer la comparaison qu'il établit de façon beaucoup plus explicite dans la *Complainte de la vigie aux minuits polaires*.

Mais le poète est lui aussi celui dont le cœur saigne, celui qui souffre et console à la fois. Sa parenté avec la rosace est claire. Comme elle, son cœur embrasse tout et, par un mouvement panthéiste, il s'élargit jusqu'à devenir le Cœur de la Terre, le "Cœur universel ruisselant de douceur," car le "doux sang de l'Hostie a filtré dans [ses] moelles" (p. 359). La rhétorique et la pensée du *Sanglot*, qui n'étaient originales que dans la mesure où elles étaient profondément *senties*, trouvent un accent particulier dans une image, celle de la Pitié universelle. De Christ humain le poète devient Christ sidéral, consolateur du cosmos orphelin.

Mais pour l'imagination sinon pour la théologie, le cœur de l'univers, c'est le soleil. Dans l'univers de Laforgue, il s'agit d'un soleil qui saigne à blanc dans son effort pour réchauffer le monde, d'un soleil qui, malgré sa résurrection quotidienne, est près de s'éteindre. Déjà dans *Couchant d'Hiver* et *Encore à cet astre* le cœur ruisselant de la rosace se trouve une parenté certaine avec le "soleil-crevant" des *Complaintes*, ce soleil qui, avec des rappels du Christ, se *crucifige* annonçant *L'Hiver qui vient* où

> un soleil fichu gît au haut du coteau
> Gît sur le flanc, dans les genêts, sur son manteau,
> Un soleil blanc comme un crachat d'estaminet . . . .

Dans le *Sanglot*, comme dans toutes les œuvres de Laforgue, la foi religieuse manque totalement et, fidèle à sa consigne à Kahn de "ne prendre guère le catholicisme et la rhétorique mystique que tu sais que comme supplément de vocabulaire" (*L.A.*, p. 134, le vocabulaire religieux n'a de raison d'être que sentimentale et artistique. La cathédrale, comme la glaciale Notre-Dame de Nice, n'est pas un lieu de culte, la rosace n'est qu'une œuvre d'art, et le poète-christ est aussi mortel et transitoire que l'univers:

> Tout est seul! nul témoin! rien ne voit, rien ne pense.
> Il n'y a que le noir, le temps et le silence. (p. 340)

Le rôle de consolateur ne produit chez le poète aucun élan vers ses semblables, aucune adhésion aux choses du monde. Il se retranche dans une solitude austère—"je vivrai dans les bois, / Evitant les vivants de peur que quelqu'un m'aime" (p. 342)—et, paraît-il, dans le silence.

Dans le *Sanglot* (auquel il renonce) Laforgue avait essayé de rythmer les grandes banalités du pessimisme contemporain, mais l'ambition d'unir lyrisme et philosophie avait échoué: "J'en suis dégoûté: à cette époque je voulais être éloquent, et cela me donne aujourd'hui sur les nerfs. —Faire de l'éloquence me semble si mauvais goût, si jobard!" (*O.C.* IV, p. 163).

La voix de Laforgue perce rarement dans ces poèmes où Baudelaire, Hugo, Vigny, Verlaine, Leconte de Lisle, Sully Prudhomme et Bourget se disputent le haut du pavé et bousculent notre poète. Ce n'est que quand son attention cesse de se porter sur la philosophie des autres et sur le néant du monde extérieur pour méditer les problèmes de l'art, de l'identité et du vide intérieur qu'il saura trouver un accent original.

C'est ma belle âme en ribotte . . . (p. 112)

Préludes autobiographiques nous donnent comme un bilan spirituel et poétique de Laforgue à la veille de la composition des *Complaintes* et marquent clairement le passage d'une poésie cosmique avec des traces d'un panthéisme d'incroyant à ce dilettantisme qui sera dorénavant son credo:

> Dilemme à deux sentiers vers l'Eden des Elus:
> Me laisser éponger mon Moi par l'Absolu?
> Ou bien, élixirer l'Absolu en moi-même?

Tel Hercule au carrefour du vice et de la vertu, le poète envisage pour sortir de son dilemme deux attitudes qui ressemblent assez à celles qu'entrevoit Baudelaire dans *Mon Cœur mis à nu*: "De la vaporisation et de la centralisation du Moi. Tout est là." Le sens de son dilemme devient plus clair encore à la lumière d'un MS communiqué par Jean-Aubry à Ruchon:

La désagrégation, l'abandon, la dissolution, la dilution du moi dans l'absolu ou de l'absolu dans le moi! de la conscience dans l'inconscient son principe, but de toute religion, de tout besoin religieux, de tout idéal. Annihilation de la conscience dans l'inconscient, sauf un soupçon de persistance de quoi jouir de son annihilation.[1]

Les deux attitudes sont pour le poète également inacceptables. Atteindre l'absolu, c'est-à-dire l'unité intérieure, en se perdant dans le monde extérieur, comme il l'avait fait dans *Hypertrophie* ou à la manière de Rousseau dans la Seconde Promenade, ou bien élever le moi au niveau d'un principe absolu en supprimant le monde extérieur, afin de coïncider avec soi-même, comme le Rousseau de la Cinquième Promenade, lui semblent également impossibles; car, malgré ses théories philosophiques ou artistiques, Laforgue restera le poète de la conscience et de la lucidité, du cœur et de l'esprit, des émotions et de l'intelligence, cherchant constamment un équilibre à jamais incertain.

C'est cette recherche d'un équilibre qui le distingue de Rimbaud ou des Surréalistes, et qui explique sans doute le fameux "A bas Laforgue! Vive Rimbaud!" (*NRF*, août 1934, p. 251) d'Apollinaire et de Max Jacob. Rimbaud représentait en 1905 tout ce que Jacob et Apollinaire admiraient: l'image surgissant sans entraves des profondeurs de l'inconscient, une intensité païenne vouée à la destruction d'une civilisation et d'une culture surannées, qui céderaient la place au "Temps des Assassins," la persuasion que la poésie peut changer la vie, l'ambition de "faire l'âme monstrueuse," le "dérèglement de tous les sens" et le prestige d'un Prométhée adolescent, absolument moderne, qui avait bouleversé la poésie française avant d'atteindre ses vingt ans. En comparaison Laforgue a dû leur paraître un "piètre individu." Kahn avait parlé de son "aspect un peu clergyman et correct." Les cheveux longs, la pipe et les haillons de Rimbaud sont remplacés par le chapeau haut de forme, l'habit noir et les fines cigarettes de Laforgue, qui, bien que né à Montévideo, n'avait guère voyagé qu'en Allemagne, séjournant dans les divers palais de l'Impératrice Augusta, dont il était le lecteur. Ce n'est évidemment pas seulement la manière de vivre qui sépare les deux poètes, mais la poésie, et par là il faut entendre la qualité et le ton, et surtout l'ironie—non pas cette ironie qui se moque de la tradition et des idées reçues, mais celle, plus subtile et destructrice, qui met tout en question, art, valeurs, aspirations, croyances, opposant à toute attitude son contraire, et qui enfin doute d'elle-même. Par contre le désespoir d'*Une*

Saison en enfer, qui conteste la valeur de toute chose, reste entier, ne doutant jamais de soi-même. Pour les Surréalistes l'attrait d'une franchise si entière fut irrésistible, tandis que le Laforgue des *Complaintes*, de *L'Imitation de Notre-Dame la Lune*, des *Moralités légendaires* et même des *Derniers Vers*, croit reconnaître une sorte de sincérité dans le refus des émotions et des attitudes qu'il adopte et une sorte de dignité dans le rejet de tout esprit de sérieux.

La distinction que nous faisons entre les deux poètes ne comporte aucun jugement de valeur: elle relève plutôt d'une vérité liée au développement de la poésie au cours du dix-neuvième siècle, car il apparaît que Rimbaud et ses admirateurs surréalistes sont les derniers représentants d'une poésie prométhéenne, cherchant à embrasser l'homme et le monde dans une seule vision synthétique. Les termes de cette ambition sont chez eux contradictoires, puisqu'ils visent à une totalité, mais en écartant l'intelligence. L'action de cette dernière est d'intégrer, celle de la sensation de disperser, et c'est ainsi que leur poésie aboutit en dernière analyse au culte de l'éphémère et de l'instant. L'œuvre de Baudelaire est peut-être le dernier exemple génial d'une synthèse poétique qui réussit, parce que les diverses expériences et sensations du poète sont unies et comprises dans une vision chrétienne, si peu orthodoxe qu'elle soit. La poésie de Laforgue semble comprendre dès le départ qu'une telle synthèse n'est qu'une chimère, et c'est précisément cette prise de conscience qui explique la qualité fragmentaire de son inspiration.

Mais Laforgue avait lu Rimbaud et il l'admirait: "Rimbaud, fleur hâtive et absolue sans avant ni après . . . Tout est dans la richesse inouïe du pouvoir de confession, et l'inépuisable imprévu des images toujours adéquates" (*M.P.*, p. 129). Et à Kahn il écrit en juin 1886: "Restent les *Illuminations*. Ce Rimbaud fut bien un *cas*. C'est un des rares qui m'étonnent. Comme il est entier! presque sans rhétorique et sans attaches" (*L.A.*, p. 187). Il est évident que Laforgue considérait Rimbaud comme un grand poète, mais isolé et sans descendants. Il avait peut-être senti que la poésie ne pouvait pas remplir la fonction qu'il lui avait imposée.

Laforgue évite donc toute recherche de l'absolu, que ce soit en s'identifiant au monde ou en enfermant le monde en lui-même. L'attitude mystique semble lui être refusée, soit qu'il n'eût pas l'œil suffisamment visionnaire, soit que—et ceci est plus probable—il eût trop subi l'influence du positivisme et du nihilisme de son temps. Pour Laforgue, ainsi que pour les positivistes et les décadents, ce qui compte chez le poète, ce n'est plus son âme, ses qualités spirituelles, ses aspirations vers l'au-delà, l'intervention des Muses—c'est la qualité des nerfs. Le poète ne diffère des autres hommes que par un système nerveux trop sensible, maladif ou hypertrophique:

> Vermis sum, pulvis es! où sont mes nerfs d'hier?
> Mes muscles de demain? Et le terreau si fier
> De Mon âme . . . (Préludes autobiographiques)

La lyre qui produit sa poésie et qui chante l'Idéal n'est nullement un don des dieux, n'est pas celle d'Orphée, mais seulement l'instrument de ses nerfs trop tendus:

> Lyres des nerfs, filles des Harpes d'Idéal
> Qui vibriez, aux soirs d'exil, sans songer à mal,
> Redevenez plasma!

Laforgue avait bien appris chez les Positivistes et chez Hartmann que l'homme est une extension de la nature, un être chimique et physiologique, un corps avec du sang et des cellules qui déterminent son caractère et son tempérament, et qu'il est donc malaisé de séparer le physique du moral:

> Oyez, au physique comme au moral,
> Ne suis qu'une colonie de cellules
> De raccroc; et ce sieur que j'intitule
> Moi, n'est, dit-on, qu'un polypier fatal! (p. 229)

La descente dans les profondeurs du moi, il ne la rêve pas comme s'effectuant dans le subconscient ou dans les régions obscures de l'imagination et de l'esprit, porte de corne ou d'ivoire, mais en fidèle disciple de Hartmann, pour qui l'Inconscient est la force vitale, il l'envisage comme une exploration des régions sous-marines, non du corps mais de la physiologie:

> Donc Je m'en vais flottant aux orgues sous-marins,
> Par les coraux, les œufs, les bras verts, les écrins,
> Dans la tourbillonnante éternelle agonie
> D'un Nirvâna des Danaïdes du génie!

Rien évidemment n'est moins freudien ou jungien, ni même moins romantique, qu'une telle conception de l'Inconscient, ni, on se doit de l'ajouter, plus difficile à explorer ou à exploiter par la poésie. Elle explique la présence dans la *Complainte du fœtus de poète* ou dans la *Complainte du pauvre corps humain* non seulement des images d'un monde intra-utérin quasiment sous-marin, mais aussi celle d'une vie végétale (même après la naissance) ou florale. Le fœtus ne quitte pas le ventre de sa mère pour venir au jour, il est expulsé des forêts d'aquarium "vers l'alme et riche étamine / D'un soleil levant."

Rien n'est plus significatif que l'usage que fait Laforgue du mythe de Danaos; car à la conscience d'un vide au cœur de l'univers, à la vision d'un néant de l'espace extérieur, s'ajoute à partir des *Préludes autobiographiques* l'expérience, au sein de son propre être, de la possibilité d'une exploration de la physiologie dont on ne viendrait jamais à bout. Il n'en est pas jusqu'à son cœur et son moi qui ne présentent le même gouffre sans fond:

> Mon Cœur, plongé au Styx de nos arts danaïdes,
> Présente à tout baiser une armure de vide. (p. 121)

La profondeur et le vertige présents dans l'image du tonneau de Danaos s'étendent à toute chose, que ce soit à l'art, aux yeux de la fiancée ou à n'importe lequel des objets qui meublent les palais de son âme:

> Lampes des mers! blancs bizarrants! mots à vertiges!
> Axiomes *in articulo mortis* déduits!
> Ciels vrais! Lune aux échos dont communient les puits!
> Yeux des portraits! Soleil qui, saignant son quadrige,
>   Cabré, s'y crucifige!
> O Notre-Dame des Soirs,
> Certe, ils vont haut vos encensoirs! (p. 38)

Ce vertige n'est compensé par la promesse d'aucun envol ou d'aucun élan ascensionnel chez Laforgue, dont le cœur est celui "d'un noyé vide d'âme et d'essors" (p. 120). Son univers est caractérisé soit par les paysages lunaires et inhospitaliers de *L'Imitation*, soit par des paysages terrestres, tantôt figés et gelés, tantôt balayés par le vent et la pluie de la désolation. Cette particularité s'explique en partie par la pudeur d'un poète qui ne veut pas avoir l'air de faire du lyrisme et de se prendre trop au sérieux, mais elle ressort avant tout de la nature de son imagination et de sa vision poétique. Même les oiseaux semblent privés d'essor, incapables de briser le cercle emprisonnant qu'ils tracent près de la mer, qui risque de les attirer à elle:

> J'ai mille oiseaux de mer d'un gris pâle,
> Qui nichent au haut de ma belle âme,
> Ils en emplissent les tristes salles
> De rythmes pris aux plus fines lames . . .
>
> Or, ils salissent tout de charognes,
> Et aussi de coraux, de coquilles;
> Puis volent en ronds fous, et se cognent
> A mes probes lambris de famille . . . (p. 201)

Les oiseaux de mer, ces "oiseaux d'exil sur ce ciel gris" (p. 226), ressemblent plutôt aux chauves-souris dont le vol restreint et maladroit, au lieu de donner de l'ouverture à l'espace, en fait une prison. L'oiseau chez Laforgue est le plus souvent symbole de claustration, de mort et de saleté, et presque jamais de liberté, de vie exaltée et de pureté. L'envol reste chez lui à l'état d'un désir qui ne se réalise jamais. Il rêve d'ailes "par le blanc suffoquant" (p. 68), mais aussi de "Milieux aptères,"[2] et les "palais de son âme" sont faits de "Souvenirs clignotant comme des lampes, /Et, battant les corridors, / Vains essors" (p. 73).

Pour être accueillante l'altitude doit se transformer en profondeur et s'associer aux eaux maternelles de l'Inconscient. Comme dans la *Complainte de Notre-Dame des Soirs* le soleil ne l'attire pas à midi, mais l'invite plutôt du *ciel des eaux* quand il se trouve reflété dans la mer ou dans un étang. C'est à de tels moments que le soleil et l'altitude se trouvent une analogie avec la lune, symbole de pureté et de stérilité. Le clair de la lune présente une atmosphère fixe, figée, une altitude qui n'attire pas et dont tout mouvement physique ou psychique est banni. Quand

le poète rêve "en plein de lagunes / De Venise au clair de la
lune" (p. 101), c'est pour échapper au soleil bruyant, au mouvement et au vacarme de la vie. La tranquillité figée du paysage
n'appelle aucun élan spirituel de la part du poète, ne l'incite
pas à une élévation mystique, mais à l'abandon, à la négation,
à l'immobilité; car la lune, "errante Delos, nécropole" (p. 165),
est le symbole du néant de tout:

> Voilà le Néant dans sa pâle gangue,
> Voilà notre Hostie et sa Sainte-Table. (p. 139)

Elle est le "Vortex-nombril / Du Tout-Nihil" (p. 176), le centre
absent d'un Tout qui est aussi un rien, car dans la philosophie
pessimiste de Laforgue le Tout, qui chez les Romantiques était
un symbole et une notion positifs, la réalité totale, est fait de
négation et d'absence. Il convient ici de noter l'habitude qu'a le
poète d'employer des concepts faits d'un élément positif et d'un
élément négatif, comme le Tout-Nihil, manière d'exprimer à la
fois son aspiration et l'impossibilité ou l'absurdité de cette aspiration. Dans *Préludes autobiographiques* il se dit "altéré de Nihil
de toutes / Les citernes de mon Amour," il demande que "Jamais soit Tout," et il évoque le concept, cher à la philosophie
du moyen âge, que l'univers est fait de cercles, image impossible
pour celui qui ne peut pas croire en un Dieu qui en serait le
centre.[3]

Même l'élan amorcé dans le ciel endimanché des *Cloches* en
Brabant où nous avons la promesse d'une Jérusalem nouvelle
et d'Edens mûrs, n'arrive pas à jaillir du clocher, mais "nous
retombe à jamais BETE." De même les "clochers brodés à jour"
de la *Marche funèbre pour la mort de la terre*, s'épuisant en
un effort inutile pour atteindre un au-delà, sont "consumés
d'élans." Le monde vertical de notre poète est donc fait d'une
élévation néfaste ou impossible, et d'une descente dans les eaux
primitives de l'Inconscient, des instincts et de la physiologie.
Même si l'envol était possible, il n'aboutirait nulle part, mais se
perdrait dans l'infini de l'absence, comme l'indique avec l'ironie
habituelle du poète l'*Avant-dernier Mot*:

L'Espace?
— Mon Cœur
Y meurt
Sans traces . . .

Si Laforgue par l'imagination ne s'aventure pas dans les grands espaces, il n'est pas mieux adapté aux espaces intimes de la vie de tous les jours. Tout le long des *Complaintes* et des *Derniers Vers* nous assistons à une sorte de dialectique entre un dedans où le poète s'acharne dans une activité infructueuse et un dehors plus aéré, mais vide, banal et finalement tout aussi solitaire. La *Complainte d'un autre dimanche* en fournit l'exemple le plus typique. Dehors un paysage d'octobre morne, triste et dénudé, dedans le poète qui se raconte et se ressasse sans fin, se demandant "Seras-tu donc toujours un qui garde la chambre?" Dans la *Complainte des pubertés difficiles* le poète, enfermé dans sa chambre avec des meubles figés—éléphant de Jade, vases de Sèvres, statues de Pan ou de bergers—crie dans sa solitude qu'il a du génie, mais que nulle ne veut l'aimer, tandis que montent de la rue des cris d'enfants et la rumeur des vanités de la ville. Ailleurs il *erre* dans sa chambre en pensant à un amour défunt du temps passé, tandis que dans les *Derniers Vers* c'est ou le poète ou la fiancée qui chemine par les routes boueuses de l'automne, quand l'autre reste enfermé avec ses regrets et ses envies dans une chambre isolée. La tentative de trouver un refuge dans la claustration, de s'enfermer que ce soit dans sa chambre, dans quelque terrier sans livre (p. 65) ou dans l'Histoire, n'est jamais entièrement satisfaisante, et le poète se voit constamment forcé de refuser le rôle qu'il doit jouer ou la voie qu'il doit suivre. Tout paysage spirituel de Laforgue est celui d'un inadapté, incapable de trouver le lieu d'une action efficace:

Et je ne serais qu'un pis-aller,
Comme l'est mon jour dans le Temps,
Comme l'est ma place dans l'Espace. (p. 308)

Cette hésitation entre le dehors et le dedans s'explique en grande partie par les doutes du poète concernant sa propre identité. Laforgue appartient à ces esprits divisés, dont une partie est toujours spectatrice de l'autre. Toute attitude semble ridicule dès qu'on la regarde de l'extérieur, si bien que le poète prend toujours ses distances par rapport à lui-même, ne sait jamais précisément qui il est, prêt toujours à adopter des poses et des attitudes d'emprunt, de même que dans *Le Sanglot de la Terre* il avait parlé avec le style et la voix d'autrui. Le pessimisme d'école, les accents empruntés, le manque plus ou moins total d'originalité sont autant de facteurs qui dans le *Sanglot* contribuent à l'illusion d'un moi structuré, uni, cohérent et complètement factice, et c'est précisément la dispersion et la dislocation du moi, auxquelles nous assistons dans les *Complaintes*, qui sont gages de l'originalité et de la sincérité littéraires de ce recueil. C'est là un véritable foisonnement de rôles plus ou moins momentanés et passagers que le poète adopte, que ce soit celui du Sage de Paris qui ouvre et qui clôt le volume, du Simple de la *Complainte de la fin des journées*, de l'ange incurable qui se transforme en chevalier-errant et qui à son tour se mue en homme-sandwich. Il y a aussi le propriétaire dépossédé de la villa abandonnée, l'amant transi et le séducteur cynique, le grand poète dont le "cœur piaffe de génie" et le raté qui fut toujours "piètre et sans génie," celui dont le cerveau est "confit dans l'alcool de l'orgueil" et celui dont les "grandes angoisses métaphysiques / Sont passées à l'état de chagrins domestiques" et il y a les tout baudelairiens Prométhée et Vautour, châtiment et blasphème, de la *Complainte-Litanies de mon Sacré-Cœur*.

L'usage que fait Laforgue de la chanson populaire est significatif. Elle lui donne la possibilité de trouver un moi et de s'en détacher en même temps. D'un point de vue superficiel rien n'est plus impersonnel que la *Complainte du pauvre jeune homme*, la *Complainte de l'époux outragé* ou que celle de cet énigmatique roi de Thulé, emprunté à Goethe par voie de Nerval par ce Faust fils plus modeste que son père. Pourtant ces personnages sont sûrement plus "laforguiens" que le poète du *Sanglot*, car ils lui donnent la possibilité d'explorer son propre dilemme tout en évitant l'écueil de la mièvrerie et de la sensiblerie. Rien n'est donc plus différent de cette fameuse *Chanson des Gueux* de Richepin, car le sens de la complainte laforguienne ne réside pas dans l'attrait qu'elle a pu exercer sur les buveurs du Sherry Gobbler ou les habitués du Club des Hydropathes.

Elle représente plutôt les premiers pas d'une sincérité littéraire. Elle lui offre à la fois la possibilité d'une approche des vrais problèmes et un mouvement de recul, car c'est toujours d'un autre qu'il s'agit dans ces vers, d'un autre auquel il n'est pas permis de s'identifier pour longtemps. L'ironie écarte toute sentimentalité, donnant un tour cynique, surtout aux fins de poème.

Le genre de la complainte n'est évidemment pas homogène. Il y en a qui sont plus lyriques que les autres, comme celle *de l'ange incurable* ou celle *des pins*. Il y a les chansons folkloriques, les complaintes à plusieurs voix comme le *figuier boudhique*, une tentative de poème en prose anticipant la technique du collage, les vers purement cyniques de la *Complainte du printemps*, le dialogue des *formalités nuptiales* et les *litanies de mon sacré-cœur*, forme qu'il emprunte à Baudelaire et qu'il avait déjà employée dans le *Sanglot*. La dislocation au cœur de la personnalité est accompagnée d'une autre, qui a lieu dans la forme même de ces complaintes "lamentables, rimées à la diable" (*O.C.* IV, p. 208), mais qui sont aussi "des perles curieusement taillées" (ibid., p. 128). La forme déconcerte non seulement à cause des surprenants enjambements, du mélange des rimes masculines et féminines, au singulier ou au pluriel, de la synérèse et de la diérèse variables au gré du poète, mais peut-être surtout à cause de ce qui paraît d'abord une absence de structure. Il y a les poèmes faits de strophes et de mètres divergents, les rimes dont les détours et les raccourcis bouleversent nos habitudes d'une prosodie régulière, impatiente de nouveauté, les voix qui dialoguent et se commentent bousculant grammaire et syntaxe, et il y a le vocabulaire plein de néologismes et de calembours extraordinaires, accentuant l'ambiguité de l'attitude du poète par ces "voluptés à vif," ces "hontes sangsuelles," "l'éternullité." Il y a les images juxtaposées sans lien de grammaire ou de syntaxe, surtout dans les refrains, qui d'ailleurs opèrent le plus souvent comme des commentaires sur les strophes principales. Tout cela est fait pour dépayser et pour créer un monde où le lecteur se sent aussi aliéné que le poète lui-même. Ce *logopœia*, que E. Pound a défini comme la danse de l'intellect parmi les mots (*Literary Essays* [1954], p. 33), n'est nullement gratuit; il représente l'effort pour trouver une technique capable de donner expression au désarroi devant le vide intérieur et le vide extérieur, mais aussi devant le creux même des mots, inaptes à traduire le désaccord de l'homme moderne. Le jeu de mots de Laforgue est comme l'avant-goût de ces jeux beaucoup plus compliqués que l'on trouve dans Joyce, Beckett ou Ponge. Laforgue avait voulu créer dans le *Sanglot* "une langue d'artiste fouillée et moderne, sans souci des codes du goût, sans crainte du cru, du forcené, des dévergondages cosmologiques, du grotesque!" (*M.P.*, p. 8). Cette ambition inspirée peut-être de Baudelaire qui cherchait dans les *Petits Poèmes en prose* "une prose poétique . . . assez souple et assez heurtée pour s'adapter aux mouvements lyriques de l'âme, aux ondulations de la rêverie, aux soubresauts de la conscience," ne nous semble pleinement réalisée que dans les *Complaintes*.

Les "soubresauts de la conscience" sont chez Laforgue si violents et si extrêmes qu'il est oiseux de chercher une unité ou un développement au recueil. Il y a évidemment une introduction dans *Préludes autobiographiques*, qui présentent une sorte de bilan philosophique, poétique et sentimental, et le *Sage de Paris* forme une sorte de conclusion, en reprenant beaucoup de thèmes qui ont paru au cours du volume, mais sans les mettre au point et sans rien résoudre. La Table des matières de l'édition originale "pour trouver instantanément telle ou telle complainte" indique que le poète envisageait son recueil comme une sorte de tour d'horizon des maux de la vie en général et de sa vie en particulier. Fidèle pour une fois à ses idées esthétiques, il ne présente pour la plupart que le tel quel de la vie, sans lui imposer ni forme, ni structure, ni développement. Rien ne saurait donc être plus dissemblable des *Fleurs du mal* et de l'idée qu'un recueil peut tracer une aventure spirituelle; car les *Complaintes* sont l'exemple peut-être le plus typique de cette définition d'un style décadent avancée par Bourget dans son essai sur Baudelaire comme "celui où l'unité du livre se décompose pour laisser la place à l'indépendance de la page, où la page se décompose pour laisser la place à l'indépendance de la phrase, et la phrase pour laisser la place à l'indépendance du mot." L'unité y est pour ainsi dire circulaire, puisque chaque poème nous ramène au centre qui est le poète, se cherchant et se fuyant en même temps à travers ses personnages, son ironie, son lyrisme, son humour et sa modestie. Ce qui règne dans les *Complaintes*, c'est l'incertitude concernant la nature du moi et de l'art. La *Complainte des complaintes* semble présenter une volte-face par laquelle le poète nie son œuvre et ses poèmes, "Gerbes d'ailleurs d'un défunt Moi / Où l'ivraie art mange la foi," ne serait-ce pas que, dans la seconde strophe, il en reconnaît la vérité qui perce à travers l'artifice dans "les fugues vraies / Que crie, au fond, ma riche voix / -N'est-ce pas, qu'on les sent parfois?" Le poète est conscient d'un décalage entre art et vérité, et en même temps d'une identité. "L'ivraie art mange la foi," pourtant les fugues sont vraies. Son insatisfaction s'explique peut-être par la discontinuité du moi, dont chaque facette ne brille qu'un instant dans ces "Pastels / Mortels," puis s'éteint pour renaître différent dans un autre poème, tout aussi "éphémère." La *Complainte-épitaphe* que le poète avait ajoutée au dernier moment, mieux que la *Complainte des complaintes* ou le *Sage de Paris*, met le vrai point final au recueil et le résume:

> La Femme,
> Mon âme:
> Ah! quels
> Appels!
>
> Pastels
> Mortels,
> Qu'on blâme
> Mes gammes!
>
> Un fou
> S'avance,
> Et danse.
>
> Silence . . .
> Lui, où?
> Coucou.

La fonction du poème est, comme le chant du coucou, de localiser l'endroit où le poète n'est plus. Le fou s'avance, danse, disparaît, mais pour revenir sous la guise d'un autre fou, celle de Pierrot.

Le semblable, c'est le contraire (p. 84)

La fascination que Laforgue éprouve devant la figure du Pierrot semble dater de son séjour en Allemagne, car il écrit à Mme Mültzer en février 1882:

Adorez-vous le cirque? je viens d'y passer cinq soirées consécutives. Les clowns me paraissent arrivés à la vraie sagesse. Je devrais être clown, j'ai manqué ma destinée, c'est irrévocablement fini. N'est-ce pas qu'il est trop tard pour que je m'y mette? (*O.C.* IV, p. 123)

Cette fascination s'explique par une sorte de parenté d'esprit car Laforgue se reconnaît évidemment dans le clown, incarnation de ce mélange de sérieux et de bouffonnerie qui est l'essence même des *Complaintes* et de *L'Imitation de Notre-Dame la Lune*. A la vérité Pierrot incarne dans sa personne la discontinuité et la dislocation internes, le manque d'équilibre entre les émotions et l'intelligence, bref les contradictions du poète-héros. Tous les aspects de la personnalité du poète, toutes ses *personae*, ses rôles et ses hésitations se rencontrent dans sa seule personne. Pas plus que le poète, Pierrot n'est un, mais innombrable. Comme lui, il est à la fois l'amant transi et le séducteur cynique. Il est le rieur en pleurs, dont la tristesse est risible et dont la bouffonnerie est sérieuse. Sa nature est au fond le paradoxe, puisqu'on ne sait jamais où la comédie finit et l'ironie commence, et puisque son humeur change, non seulement d'un poème à l'autre, mais à l'intérieur du même poème. Il ressemble assez à l'énigmatique Roi de Thulé

> Qui, loin des jupes et des choses,
> Pleurait sur la métempsychose
> Des lys en roses,
> Et quel palais!

Mais alors pourquoi essayer de réchauffer le "soleil-crevant," symbole de la vie, de la sexualité, du culte de l'amour que le Roi ne connaît pas. Serait-il impuissant, ce roi, comme le Pierrot fumiste de la piécette (*Pierrot fumiste, Mélanges posthumes*), qui pourtant fait l'amour à sa femme comme un taureau après deux mois d'un mariage blanc. Pourquoi est-ce qu'il raille les "doux corsages"? Serait-ce un envieux? S'il n'aime pas la transformation des lys en roses, des vierges en femmes, pourquoi réchauffer le soleil, symbole d'un procédé qui le dégoûte? Le roi est celui qui ne peut ni vivre, ni mourir, qui trouve son isolement invivable et la société rebutante. Alors, par son geste de réchauffer le soleil, il semble dire oui et non en même temps, donner à la fois son acquiescement à la vie et son refus.

Dans les *Complaintes* nous avons déjà un avant-goût de la pirouette caractéristique et du manque d'à-propos de Pierrot, ce prestidigitateur qui jongle avec les entités et pour qui "l'univers est à l'envers"; mais c'est dans *L'Imitation* que nous en trouvons l'évocation la plus complète. Selon la description, il a le cou long et maigre, le visage blanc, enfariné à la manière traditionnelle, et une face imberbe de cold-cream. Le plus important, c'est sans doute le sourire énigmatique:

> Bouche qui va du trou sans bonde
> Glacialement désopilé,
> Au transcendental en-allé
> Du souris vain de la Joconde.

Pierrot n'a rien à voir avec Dieu, estimant que le monde n'est que la création du hasard. S'il n'est pas complètement de ce monde, comme semble l'indiquer son association quelque peu farfelue avec Port-Royal et le jansénisme (p. 135), il n'aspire pas vers un au-delà, et il ne connaît ni les déchirements des angoisses métaphysiques, ni les spéculations sur l'existence d'une autre vie. C'est donc dans le monde un inadapté qui pourtant ne croit en aucun autre. La tension entre la foi et le doute, l'esprit et la matière, est brisée, et il reste avec les amorces d'une aspiration à laquelle il ne croit pas. C'est donc en bouffon et en clown qu'il élit de vivre cette contradiction:

> Ils vont, se sustentant d'azur!
> Et parfois aussi de légumes,

> De riz plus blanc que leur costume,
> De mandarines et d'œufs durs.

Ils vivent, ces Pierrots, "de but en blanc," en acceptant notre monde grâce à une sorte de résignation bouddhique et à un détachement intérieur.

Pour Pierrot, comme pour Baudelaire, il semble qu'il y ait "deux postulations simultanées," non plus vers Dieu et Satan, mais envers le réel et l'idéal, comme dans *Dialogue avant le lever de la lune*:

> — Je veux bien vivre; mais vraiment,
> L'Idéal est trop élastique!
>
> — C'est l'Idéal, son nom l'implique,
> Hors son non-sens, le verbe ment.

La différence entre les deux poètes, c'est que pour Baudelaire Dieu et Satan, ciel et enfer, sont des réalités à prendre au sérieux, tandis que Laforgue met en doute la valeur de l'idéal et du réel. Il se trouve ainsi, dans le personnage de Pierrot, écartelé entre deux absurdités contradictoires. Pour lui, l'artiste ne peut donc plus être le mage ou le prophète d'une nouvelle religion, ni même la mauvaise conscience de la société bourgeoise, paria et maudit, mais, à ce moment curieux de l'histoire de la culture où ni le Positivisme ni l'Idéalisme ne présentent une philosophie acceptable, l'artiste se fait clown, le fou pour qui "Le semblable, c'est le contraire" (p. 84) et dont l'attitude typique n'est pas celle de Mazeppa ou d'Icare, mais la pirouette ambiguë.

Laforgue n'est pas seul parmi les poètes du dix-neuvième siècle à être attiré par le clown. Gautier, Banville, Baudelaire, Mallarmé, Verlaine, lui avaient tous accordé une place plus ou moins grande dans leur poésie, et depuis, comme M. Starobinski l'a montré dans son brillant *Portrait de l'artiste en Saltimbanque*, le clown a joui d'une place privilégiée dans les œuvres de Picasso, Chagall, Rouault, Rilke, Jacob et Apollinaire. Du sot grotesque de la Commedia dell'Arte, il est devenu comme le Don Quichotte de Daumier ou d'Unamuno, une figure allégorique représentant l'état problématique de la culture.

Pour faire contre-partie à l'étude psychologique du Pierrot Laforgue nous donne "les succédanés de la lune pendant le jour les perles, les phtysiques, les cygnes, la neige et les linges" (*L.A.*, p. 100), et le *Climat, faune et flore de la lune*. L'atmosphère de la lune est fixe, avec un ciel atone, dont nul nuage et nul vent ne dérangent la tranquillité et l'immobilité. Comme dans certains tableaux surréalistes, il n'y a pas de mouvement et pas de temps. Tout est glacial, figé, cristallin. Même les animaux semblent faits de porcelaine.

> Et rien ne fait de l'ombre, et ne se désagrège;
> Ne naît, ni ne mûrit; tout vit d'un Sortilège.

C'est le lieu des vierges, de la pureté et de la stérilité. Le refus de la vie et le culte du stérile sont fréquents dans la littérature de l'époque. On en trouve des aspects dans l'*Hérodiade* de Mallarmé, dans l'*Axël* de Villiers et même dans les sensations délicates et atténuées de Verlaine. L'expression la plus extrême et la plus notoire en est *A Rebours* de Huysmans (1884). Les origines du culte remontent au moins jusqu'au refus du naturel et à la louange de l'artificiel qu'on trouve dans les œuvres de Baudelaire, avec leurs surfaces dures, brillantes, polies, leurs bijoux et leurs images marines et aquatiques. Ce qu'il y a de sérieux et de significatif dans cette attitude, c'est une sorte d'humanisme qui met l'homme au-dessus de la Nature, l'art au-dessus de la réalité, l'artificiel au-dessus du spontané et aussi, dans une certaine mesure, l'intellect au-dessus des passions. Mais chez Laforgue et les Décadents, elle est beaucoup plus problématique et représente moins l'affirmation de valeurs humaines que leur négation. Le poète se crée un monde invivable et une atmosphère irrespirable dans *L'Imitation*. C'est un monde si peu humain, si dépourvu de valeurs qui permettent de vivre que le recueil présente une sorte d'impasse sentimentale et artistique. La voie sur laquelle le poète s'était engagé ne pouvait aboutir qu'à la stérilité ou à une poésie qui, à défaut de dégénérer en un vain jeu de mots, est condamnée au silence. La peur du poète (car il avait "peur de la vie / Comme d'un mariage") avait fini par l'éloigner tellement des vrais problèmes qu'il nous promet, avec un rappel moqueur de Montaigne, "un livre enfin de bonne foi":

Oh! j'ai été frappé de CETTE VIE A MOI,
L'autre dimanche, m'en allant par une plaine!
Oh! laissez-moi seulement reprendre haleine,
Et vous aurez un livre enfin de bonne foi. (p. 177)

Les *Derniers Vers* qui sont en grande partie faits de vers re-
fondus de *Fleurs de bonne volonté* (dont le titre répond à la
promesse du poème qu'on vient de citer) sont sans conteste ses
poèmes les plus réussis. En même temps ils présentent l'exposé
le plus soutenu et le plus complet de son univers sentimental,
intellectuel et poétique. L'œuvre est une unité où les problèmes
du poète sont examinés de plusieurs points de vue, et ensuite
résolus. A la différence des *Complaintes*, les *Derniers Vers*
suivent un développement linéaire à la manière des *Fleurs du
mal*, à condition qu'on nuance pour tenir compte des images
qui reviennent, chargées de toute sortes d'échos, ayant gagné en
profondeur et en résonance, et en même temps d'une simulta-
néité qui couvre cette progression. Ce qu'il y a d'original dans
Derniers Vers, c'est la manière dont cette synthèse de l'expérience trouve dans le vers libre une forme qui lui convient,
créant ainsi une poésie dont Laforgue avait dès 1881 entrevu la
possibilité et qui serait "de la psychologie dans une forme de
rêve, avec des fleurs, du vent, des senteurs, d'inextricables
symphonies avec une phrase (un sujet) mélodique dont le
dessin reparaît de temps en temps" (*O.C.* IV, p. 66). La réussite
des *Derniers Vers* est précisément d'avoir donné forme et con-
sistance à ces parcelles de moi et de paysage qui furent son
œuvre jusqu'en 1886. Aucun poète n'est plus coupable de
plagiat que Laforgue, mais c'est le plus souvent un plagiat qu'il
fait à ses propres œuvres, et une lecture tant soit peu attentive
de ses poèmes ne manque pas de remarquer les mêmes vers,
rythmes et images qui reviennent sans cesse d'un recueil à
l'autre, et qui sont comme les piliers mouvants de l'architecture
laforguienne. Des morceaux entiers du *Sanglot* abandonné re-
paraissent dans *Préludes autobiographiques*, Pierrot incarne dans
sa seule personne les *moi* des *Complaintes*, et *Derniers Vers* sont
faits de vers des *Fleurs de bonne volonté*. En effet *Derniers Vers*

apparaissent comme l'aimant qui attire les morceaux d'univers libérés de leurs gonds, livrés au hasard de gravitations fortuites. Malgré la promesse de bonne foi et d'une inspiration plus ancrée dans le réel et le quotidien, Laforgue ne se dispense pas dans *Derniers Vers* de porter des masques. Son visage reste multiple. Il est "le grand Chancelier de l'Analyse," "L'Ours blanc," "l'Attardé" ou celui qui vient trop tôt. C'est à dire que, comme les *moi* des *Complaintes* ou Pierrot, il reste l'inadapté, incapable de s'intégrer dans un monde où règne l'Inconscient. Mais le masque qui lui convient le mieux, qui résume en même temps le problème sentimental et le problème social et métaphysique, est celui de Hamlet. Comme Pierrot, le Hamlet de Shakespeare est un personnage de théâtre, un être fictif, incarnant une réalité plus vraie que le réel. C'est un être énigmatique qui joue la folie, mais une folie qui est sérieuse. Son jeu avec Ophélie a les accents de la vérité, et les absurdités qu'il dit à Polonius portent l'empreinte de la sagesse. Hamlet, c'est celui qui ne peut pas agir, ou pour qui l'action est intolérable, qui aime trop et pas assez, un être fait de contradictions et d'éternelles hésitations. C'est précisément ce masque qui donne, entre autres facteurs, une sorte d'unité au recueil, dont la première et la dernière pièce ont des épigraphes empruntées à *Hamlet*, et dont les autres poèmes contiennent des allusions voilées au texte de Shakespeare. Le Hamlet des *Derniers Vers*, c'est Pierrot descendu de la lune et rendu aux paysages inhospitaliers et aux situations de la terre. Chez lui, comme chez le Hamlet de Shakespeare, le problème sentimental et le problème métaphysique ne font qu'un.

Le "Blocus Sentimental" est le thème principal, non seulement des *Derniers Vers*, mais aussi des *Complaintes* et de *L'Imitation*. Pour Laforgue la femme est le suppôt de l'Inconscient, agissant simplement sous la dictée des instincts et des conventions de la société. Qu'il entre dans une telle attitude une bonne part de préjugé et de vogue littéraire, on ne saurait le nier; car le même anti-féminisme se trouve chez Baudelaire, Huysmans, Schopenhauer et beaucoup d'autres écrivains contemporains. Le problème est tellement en évidence chez Laforgue, il revient avec une telle fréquence dans la correspondance qu'on serait tenté d'y voir une vogue littéraire qui en même temps fait le fond de son caractère et de son tempérament. Quels qu'en soient les éléments biographiques, le problème est présenté comme une vérité universelle et ne se limite pas au seul poète-Hamlet. La femme n'est qu'une "Bestiole à chignon," l'arme de la Nature et de l'Inconscient. Elle n'est pas responsable de ses actes, car "c'est un Dieu qui par tes yeux nous triche." Elle est fausse Sœur, fausse humaine, fausse mortelle et ne peut donc jamais être la compagne secourable de l'homme. Elle est "vendue aux intérêts de l'Administration" (*Entretiens politiques et littéraires*, mai 1892). Les hommes sont inférieurs en armes et en ruses devant la Femme qui a de son côté toutes les forces inconscientes de la Nature:

> Nos armes ne sont pas égales,
> Pour que je vous tende la main,
> Vous n'êtes que de naïfs mâles,
> Je suis l'Eternel Féminin! (p. 259)

La femme n'a donc pas de personnalité et de caractère personnel. Elle n'est jamais une telle, mais toujours Eva, Sphynx ou l'Eternel Féminin. Les variations entre diverses femmes ne sont jamais que de surface, car toutes sont régies par la même Loi de l'Inconscient. Ses paroles sont sans importance, car elle parle toujours en fonction de cette Loi, non à la lumière de la pensée. Elle n'est qu'une extension de la Nature, ne craignant pas la mort et "fermée aux angoisses métaphysiques et au désespoir de l'Inconnaissable" (*M.P.*, p. 53):

> Buvez ma bouche et non ma voix
> Et n'en cherchez pas davantage . . .
> Nul n'y vit clair; pas même moi. (p. 259)

Elle n'est donc que le dépositaire indigne de la Beauté, sa fonction la perpétuation de l'espèce, mais aussi, comme chez Baudelaire, l'inspiration du poète:

> T'occupe pas, sois Ton Regard,
> Et sois l'âme qui s'exécute;
> Tu fournis la matière brute,
> Je me charge de l'œuvre d'art. (p. 154)

L'amour du Beau, le sentiment d'une exaltation devant la femme sont autant d'illusions. Les pirouettes de Pierrot, son manque d'à-propos et ses changements d'attitudes ne s'expliquent pas seulement par l'ambiguité de sa nature à lui: ce sont aussi des façons de prouver son indépendance par rapport à une puissance plus grande, une manière de jouer avec le destin qui gouverne toute chose, une sorte de revanche par laquelle il raille et nargue le Tout qui le mène (p. 84). C'est un peu la vengeance de la lucidité et de l'esprit contre les forces inertes du règne végétal auquel Eve appartient. Son apparente cruauté n'est qu'une manière de badiner avec ce qui le dépasse.

Mais ici on se heurte à un des grands paradoxes de la pensée et de la poésie laforguiennes. Car, si la femme, comme instrument de l'Inconscient, est en quelque sorte néfaste, comment expliquer le culte que Laforgue voue à ce même Inconscient? Il n'y a pas de doute que le poète s'est voulu anti-intellectualiste. Sa méditation sur la peinture impressionniste et sur la philosophie de Hartmann l'avait orienté dans ce sens et *Les Complaintes* et *L'Imitation*, sans parler du *Sanglot*, se mettent volontiers sous l'égide de l'Inconscient.

En fidèle impressionniste, Laforgue a vu que le dessin, la perspective et l'éclairage d'atelier ne sont que des illusions imposées par l'intelligence, pour lui permettre d'organiser et de comprendre le monde. Il loue ces peintres qui ayant un œil naturel arrivent à "voir la réalité dans l'atmosphère vivante des formes, décomposée, réfractée, réfléchie par les êtres et les choses, en incessantes variations" (*M.P.*, p. 136). La réalité, qu'elle soit intérieure ou extérieure, n'est jamais statique; car l'objet et le sujet sont "irrémédiablement mouvants, insaisissables et insaisissants" (ibid., p. 141), et c'est le propre de l'art et du génie de capter les éclairs d'identité entre les deux. La leçon de l'Impressionnisme n'est pas chez Laforgue dans le jeu de la lumière et de l'ombre, mais dans la dislocation d'une prosodie et d'une pensée poétique libérées des structures et des concepts traditionnels. Oeuvre de la volonté, de la lucidité et même de l'intelligence, c'est précisément ce soi-disant anti-intellectualisme qui porte le poète au culte des vérités fugitives du moment et de ce qu'il appelait lui-même l'*éphémère*. C'est lui qui explique en grande partie ces néologismes extravagants, ces "accouplements de mots qui n'ont qu'une harmonie de rêve" (*L.A.*, p. 64), ces savants barbarismes et anacoluthes et ces images juxtaposées sans lien grammatical ou syntaxique—tout ce qui fait l'originalité des *Complaintes*. Bien qu'il en ait subi l'attrait et reconnu la valeur, le style de Laforgue n'a que très peu à voir avec l'écriture artiste impressionniste des Goncourt par exemple. L'impressionnisme de Laforgue a donc peu de rapport avec ces *bleutés*, les silhouttes et contours estompés, la lumière réfractée et les ciels changeants, qui caractérisent le style de ces écrivains qui se voulaient peintres.

Le rôle de l'Inconscient chez Laforgue est plus difficile à déterminer. Théoriquement, il considère l'Inconscient comme "le brin de foi nouvelle" (*M.P.*, p. 198), capable de fournir une nouvelle esthétique, synthèse des positions idéaliste et positiviste. L'Inconscient, qu'il faut distinguer des catégories de la psychanalyse moderne, est une loi, à la fois contingente et absolue, qui gouverne toute chose, car au-dessus de la réalité changeante des phénomènes, se *développe* un idéal ou une loi qui est un devenir en perpétuelle évolution. Cet idéal est donc à la fois absolu, puisqu'il gouverne le monde, et contingent, puisqu'il ne cesse pas de changer. Par cette théorie, inspirée par sa lecture de Hartmann, Laforgue arrive à réconcilier les déterministes pour qui l'art s'explique par les catégories de la race, du milieu et du moment, et les idéalistes, qui l'expliquent en ayant recours à un principe absolu de la beauté. L'idéal de Laforgue n'est qu'une étape éphémère et bornée d'une évolution indéfinie (ibid., p. 199). Le génie, c'est celui qui agit et écrit sous la dictée de l'Inconscient, qui est "La force transcendante qui pousse Beethoven à chanter, Delacroix à chercher des tons, Baudelaire à fouiller sa langue, Hugo à être énorme" (ibid., p. 147).

Comme l'a très bien montré M. Lehmann dans son excellent *Symbolist Aesthetic in France*, cette théorie pose plus de problèmes qu'elle n'en résout. Car comment savoir si l'on est en contact avec l'Inconscient ou non? Comment ne pas penser que les sensations ou expériences inconscientes ne sont pas transformées, quand elles viennent à la surface de la claire conscience, et comment cette théorie aide-t-elle le poète à faire des jugements de valeur sur son œuvre propre ou sur celle d'autres poètes?

Il n'est pas jusqu'à la pratique qui ne soit ambiguë chez Laforgue. Dans la *Complainte propitiatoire à l'Inconscient* le poète offre la prière suivante:

> délivrez-nous de la Pensée,
> Lèpre originelle, ivresse insensée,
>
> Radeau du Mal et de l'Exil;
> Ainsi soit-il.

—interprétant ainsi à sa manière le mythe de la chute de l'homme par la révolte de l'intelligence. L'intelligence rompt l'immédiateté et l'unité du monde des sensations et de l'Inconscient; elle est donc créatrice d'angoisse et d'exil. Ailleurs Laforgue nous invite à fuir la dessiccation que produit la culture excessive de la raison et à retourner "aux grandes eaux de l'Inconscient" (*Entretiens politiques et littéraires*, mai 1892), car "l'Art est tout, du droit divin de l'Inconscience" (p. 168). Pierrot s'agite, dit-il ailleurs en transposant une célèbre maxime de Fénelon, "mais Tout le mène." Cet empire de l'inconscient ne va pas sans équivoque, car il est le principe fondamental de l'art et de la vie, mais le poète-Pierrot se retranche de la vie pour s'adonner à un art des plus voulus, artificiels, compliqués et par conséquent conscients. Il incarne, nous l'avons déjà suggéré, la lucidité devant la femme, victime et suppôt des forces inconscientes, et si Laforgue d'une part se félicite que le génie soit en rapport direct avec le Tout et avec l'Inconscient, il s'en lamente aussi, car le Tout est aussi un *nihil*. C'est ainsi que la foi nouvelle et le nihilisme se rencontrent dans ce seul concept. Le paradoxe reste fondamental et irrésolu, peut-être parce que Laforgue avait confondu Hartmann et l'Inconscient avec Schopenhauer et l'Art, mais plus probablement parce qu'il est avant tout poète et non un philosophe ou théoricien de la littérature et de l'esthétique.

Il est donc malaisé de réconcilier le culte de l'Inconscient avec le refus de la nature, ce "système" mécanique, "fade Usine de sève aux lymphatiques parfums" (p. 38), car la terre est à la fois le suppôt de la pensée et de la vie exubérante. De même, le soleil, le principe de la vie et de la sexualité, se voit refusé en faveur de la lune, symbole de pureté et de stérilité. Le terme "inconscient" semble donc s'employer dans deux sens différents et contradictoires chez Laforgue; il désigne la force vitale et purement mécanique d'une part, et d'autre part une sorte de sagesse, supérieure à l'instinct et à l'intelligence, le propre des artistes et des Pierrots qui ont subi une illumination quasi bouddhique. A la lecture, il convient de distinguer les poèmes où Laforgue mélange Inconscient et Bouddhisme, comme la *Complainte propitiatoire à l'Inconscient* et les poèmes lunaires, des autres où l'Inconscient se présente comme une sorte de destin dans le sens strictement hartmannien de la force vitale.

Arrêtons-nous, amour, contemplons notre gloire!

Le *Blocus sentimental* dont il s'agit dans les *Derniers Vers* concerne l'incapacité du poète de former un rapport profond et durable avec la fiancée, le manque de communication entre eux, et par conséquent le sentiment qu'il éprouve d'être un paria et un exilé dans le monde. Mais *L'Hiver qui vient*, qui sert d'introduction et de cadre au drame des *Derniers Vers*, ne fait que suggérer le dilemme du poète, en évoquant l'automne avec ses feuilles rouillées, son atmosphère de décadence et de ruine, et le vent qui se lamente comme l'âme même des amoureux. Rien n'est dit, mais les images et les rythmes nous donnent comme le ton, l'atmosphère et la sensation du problème moral et sentimental. Ici Laforgue se montre sensible non seulement aux évocations baudelairiennes de l'automne ("comme il a compris l'automne") (*L.A.*, p. 33), mais à la manière dont le grand poète suggère plutôt qu'il n'énonce, créant ainsi une "magie suggestive contenant à la fois l'objet et le sujet, le monde extérieur à l'artiste et l'artiste lui-même" (Baudelaire, *O.C.* II, p. 598). Ce procédé, il l'avait déjà employé dans la forme toute baudelairienne de la litanie (*v. Complainte-litanies de mon Sacré-Cœur*—"Mon Cœur est un noyé vide d'âme et d'essors, / Qu'étreint la pieuvre Spleen en ses ventouses d'or"). Mais dans

Derniers Vers et *L'Hiver qui vient* il a supprimé non seulement le cœur qui ferait la comparaison, mais jusqu'au verbe *est* qui unirait le Blocus sentimental aux Messageries du Levant. Tout le reste du poème est fait de ce que T.S. Eliot appelait des "corrélatifs objectifs" d'un état d'âme, qui n'est jamais décrit en termes abstraits, et dont nous ne savons ni les circonstances particulières, ni le lieu, ni l'heure. Ce procédé est si discret chez Laforgue que nombre de critiques se sont refusés à voir dans les *Derniers Vers* une unité, comportant un développement et la résolution du problème du poète. Il est vrai que chaque poème peut se suffire à lui-même, mais lu dans l'ensemble des *Derniers Vers* avec les images et rythmes qui reviennent dans des circonstances et une atmosphère différentes, il gagne en profondeur, en résonance et en valeur émotive.

Les paysages d'automne et d'hiver sont fréquents dans les autres œuvres de Laforgue. Le passage suivant de *Stéphane Vassiliew* en résume les éléments les plus importants pour l'imagination du poète:

Oh! les tristesses d'automne! le ciel pluvieux, les brumes de l'horizon, les grandes routes détrempées aux ornières pleines de feuilles mortes; au loin une charrette qui court sous l'averse oblique, une vieille qui va, cassée sous un fagot de bois mort; et la désolation éternelle du vent dans les grands arbres dépouillés, et l'agonie humaine des couchants, et les rafales qui passent sur les cimes rouges des bois, emportant des vols de feuilles rouillées dans un bruit prolongé de cascades lointaines. La nature souffrante est celle qui nous va le plus au cœur aujourd'hui. Et Stéphane passait alors ses heures les plus infinies. (p. 51)

Ces paysages s'apparentent aux palais de l'âme du poète, aux "blancs parcs ésotériques / De l'Armide Métaphysique" (p. 29), aux paysages urbains avec les cheminées d'usines, que Laforgue avait admirés dans Baudelaire et Huysmans, aux dolmens et aux cromlechs fréquentés par les Pierrots, et même aux paysages lunaires de *L'Imitation*; car tous ont ceci de commun qu'ils traduisent des sentiments de décrépitude, de mort, d'isolement et de froid. Le paysage typiquement laforguien est celui d'où la vie est presque entièrement absente et où subsiste comme un regret de temps meilleurs et plus heureux, quelque forme ou quelque être, symbole de l'âme et de la mémoire du poète.

L'exemple le plus émouvant en est la *Complainte de l'ange incurable* où "L'âme des hérons fous sanglote sur l'étang," où "Le hoche-queue pépic aux écluses gelées" et où:

> Les moulins décharnés, ailes hier allègres,
> Vois, s'en font les grands bras du haut des coteaux maigres!

Nous avons déjà remarqué l'absence d'images verticales ou ascensionnelles chez Laforgue. Les arbres, les cheminées d'usines, les coteaux maigres ne sont jamais chez lui symboles d'un jaillissement vers un au-delà du temps et de l'espace: ils servent plutôt à souligner le dénuement et le désespoir d'un monde fini, qui n'a plus que des souvenirs. L'idée d'une résurrection après l'hiver ne paraît que très rarement chez notre poète. De même, le printemps n'est pas le symbole du retour triomphant de la vie et de la confiance. La Nature, qui n'est qu'un système mécanique et fermé, ramène "le printemps / Avec son impudent cortège d'excitants" (p. 63). Le paysage de Laforgue reste sans relief, plat, s'étendant à perte de vue sur une terre balayée et fouettée par le vent, qui en souligne l'horizontalité. Le vent n'est jamais symbole de la liberté ou d'une exaltation des forces du corps et de l'âme; il balaye, dénude, aplatit, et si jamais il appelle des images verticales, ce sont des images d'une profondeur spectrale, du trou sans fond de l'espace. Dans *Autre Complainte de l'orgue de barbarie*, il appelle l'image du puits:

> Prolixe et monocorde,
> Le vent dolent des nuits
> Rabâche ses ennuis,
> Veut se pendre à la corde
> Des puits! et puis?
> Miséricorde!

Ailleurs, il suggère la liberté refusée, la claustration et l'idéal aux abois et coincé:

> Le vent assiège
> Dans sa tour,
> Le sortilège
> De l'Amour;

Et, pris au piège,
Le sacrilège
Geint sans retour. (p. 89)

Le vent, "esquinté de toux" à cause de ses rafales, s'associe aussi volontiers à la maladie et, entre la "petite toux sèche maligne" de la fiancée tuberculeuse des *Derniers Vers* courant le long des routes boueuses de l'automne, et la toux menaçante du vent, s'établit pour le lecteur de Laforgue qui connaît bien ses paysages, un rapport immédiat, évident. Ainsi l'idée de l'hiver qui vient se trouve liée, non seulement à la mort des souvenirs et de l'été de l'amour, mais aussi à la mort imminente, ou possible, des amants. Les "Messageries du Levant," ce vent glacial de l'est, n'expliquent pas le "Blocus sentimental," cet arrêt de la chaleur communicative entre le poète et la fiancée, en quelque sorte elles le *sont*, ou du moins elles en sont, pour parler comme T.S. Eliot, le corrélatif objectif. Elles détruisent non seulement bois, sous-bois et modestes jardinets; elles semblent détruire aussi jusqu'aux souvenirs et au passé du poète. C'est à ce moment, après l'écho des cognées, semblables aux bûches d'automne de Baudelaire, que le poète évoque les feuilles rouillées, symboles de la mort. Elles reviennent dans la pièce IV des *Derniers Vers* avec une nuance sexuelle dans le vers "Chute des feuilles, des Antigones, des Philomèles," lesquelles à leur tour symbolisent l'idéal féminin du poète.

Le rôle donc du vent, essentiellement destructeur, est de créer un désert dans le monde extérieur où tout autre mouvement est supprimé et où le temps semble arrêté: "que l'autan / Effiloche les savates que le Temps se tricote!" Le paysage d'automne s'apparente sous ce rapport aux paysages lunaires, qui sont, eux aussi, figés dans l'immobilité et le froid. Et ce vide extérieur est la solitude intérieure du poète, ne se distingue pas d'elle et en quelque sorte il la constitue. La présence du vent n'est jamais un phénomène descriptif ou de couleur locale, elle est l'état d'âme du poète qui s'en sent la victime, punie pour on ne sait quel crime, qui n'est jamais précisé. Le vent est un des grands leitmotifs des *Derniers Vers*. Dans la pièce III il joue le rôle des Walkyries, équivalents nordiques des Erinnyes grecques poursuivant le poète de regrets et de remords, beuglant "dans les fentes de ma porte: / *Vae soli!*" Il apporte dans IV des "représailles" on ne sait pourquoi, et il réapparaît dans le poème final, avant la résolution du problème sentimental pour symboliser ("Le vent est grandement triste") la solitude et le dénuement spirituel auxquels sans la fiancée le poète est voué.

La chute des feuilles causée par le vent est comme accentuée par la présence de la bruine, cette pluie qui s'insinue partout, plus mouillante que celle qui tombe franchement, créant une atmosphère de pourriture et de mort, rouillant non seulement les feuilles mais aussi la substance même des fils télégraphiques. La rouille est une pourriture lente. Dans une image saisissante Laforgue réunit les notions de pourriture, d'humidité et de ruine:

> Il bruine;
> Dans la forêt mouillée, les toiles d'araignées
> Ploient sous les gouttes d'eau, et c'est leur ruine.

La pluie, la bruine, l'averse glapissante, la noire bise, font rage dans les *Derniers Vers*, créant l'impression d'une chute et d'une décadence sans espoir de relèvement, que ce soit des paysages eux-mêmes ou du domaine sentimental. Ici encore nous ne pouvons pas être insensibles à l'absence d'images ascensionnelles. Les "maisons closes," la "noire bise" et "la nuit à jamais noire" de XII n'offrent aucune possibilité d'une évasion hors de ce monde caduc, fermé sur lui-même dans son désespoir et sa lente agonie. Même les "ornières des chars de l'autre mois, / Montant en don quichottesques rails," qui semblent promettre une évasion et une ascension, voient leur élan vertical changé immédiatement en un mouvement horizontal de nuages, lesquels à leur tour tombent outre Atlantique en pluie. Le mouvement qui est ainsi esquissé est donc plutôt circulaire, ramenant immédiatement poète et lecteur au même monde fermé d'auparavant. Autre exemple de ces "vains essors," dignes de Don Quichotte, que l'image elle-même évoque, lors de sa folle attaque contre des moulins qu'il prend pour ses ennemis.

Les routes boueuses de l'automne avec leurs ornières où nul ne passe symbolisent, de même que les fils télégraphiques rouillés, le blocus sentimental du poète et l'impossibilité où il se trouve de communiquer et d'établir un rapport avec le monde extérieur, avec la fiancée en particulier. Toute communication est rompue, choses et personnes restent où elles sont, isolées dans un présent qui se répète inlassablement, à peine ponctué par les fêtes de l'automne et de l'hiver—"La Toussaint, la Noël et la Nouvelle Année"—qui toutes se ressemblent, et qui ne font qu'accentuer la monotonie des saisons, où le temps semble arrêté sans la promesse d'un printemps libérateur. Ces routes et ces poteaux télégraphiques s'opposeront dans *Solo de Lune* aux ombres des peupliers et aux routes de l'été où le poète passe allégrement avec ses souvenirs affectifs. Ici la route s'oppose à celle où le Petit Chaperon Rouge, la fiancée des poèmes suivants, avait cheminé le long des forêts, tandis que les poteaux télégraphiques réapparaîtront dans *Légende*, "Dans les grisailles de l'exil." La même ambiguité caractérise l'image de la pluie qui dans IX devient brièvement symbole de baptême et de régénération:

> Oh! Baptême!
> Oh! baptême de ma Raison d'être!
> Faire naître un "Je t'aime!"
> Et qu'il vienne à travers les hommes et les dieux,
> Sous ma fenêtre,
> Baissant les yeux!
>
> Qu'il vienne, comme à l'aimant la foudre,
> Et dans mon ciel d'orage qui craque et qui s'ouvre,
> Et alors, les averses lustrales jusqu'au matin,
> Le grand clapissement des averses toute la nuit! Enfin!

Mais cette idée est tout de suite tournée en dérision dans le reste du poème et dans XII où le poète se moque de soi-même dans le rôle de l'Attardé et crie à l'averse: "Oh! arrose, arrose / Mon cœur si brûlant, ma chair si intéressante!" Donc selon leur rôle dans le développement de la suite des douze poèmes qui constituent les *Derniers Vers* les images peuvent avoir, ne serait-ce que brièvement, une double valeur, confiante ou désespérée, faste ou néfaste.

Le soleil mourant, nous l'avons déjà indiqué, est une image-clé de l'univers poétique de Laforgue, surtout à partir des *Complaintes*. Il apparaît dans *Complainte à Notre-Dame des soirs* "saignant son quadrige," dans *Complainte de l'automne mono-tone* et dans *Complainte sur certains temps déplacés* où "le cou- chant de sang est taché / Comme un tablier de boucher." Il est présent aussi déjà dans quelques-uns des premiers poèmes comme, par exemple, *Solutions d'automne* où il "s'agonise en fichue braise." Il est possible que Laforgue ait été influencé par *Harmonie du Soir* de Baudelaire où "Le soleil s'est noyé dans son sang qui se fige." Certes, c'est surtout l'évocation de l'au- tomne que Laforgue avait admirée chez Baudelaire. Mais la han- tise de l'image ne peut guère s'expliquer par une influence quel- conque, et surtout pas la façon dont il l'élabore et réunit en elle divers aspects de sa vision poétique. Car le soleil n'est pas seule- ment symbole de mort, mais aussi symbole érotique, de même que dans *L'Imitation* la lune était symbole de la pureté, de la virginité et de l'asexualité. Cet aspect érotique se laisse deviner pour la première fois dans la *Complainte du roi de Thulé*, cet énigmatique et ambigu *alter ego* du poète qui, vivant pur, "loin des Jupes et des choses," n'en va pas moins porter secours au soleil-crevant, qui est associé directement à l'amour physique:

> Soleil-crevant, encore un jour,
> Vous avez tendu votre phare
> Aux holocaustes vivipares,
> Du culte qu'ils nomment Amour.

Dans *L'Hiver qui vient* l'aspect érotique du soleil couchant n'est présent que de la façon la plus discrète et atténuée. Il n'est peut- être immédiatement évident qu'aux lecteurs attentifs des recueils précédents de Laforgue et qui ont pour ainsi dire appris son vocabulaire et son langage, bien que le sens, comme celui des "vendanges" et du Petit Chaperon Rouge, soit parfaitement clair après la lecture des douze pièces des *Derniers Vers*. Pour le moment, Laforgue se borne à nous laisser deviner le rapport entre le Chaperon Rouge, le Blocus sentimental et le soleil mourant. C'est comme s'il voulait pour l'instant suggérer à notre inconscient l'équivalent imaginaire ou rêvé du drame sen- timental qu'il portera progressivement, au cours des douze poèmes qui suivent, à la surface de la claire conscience. Ce n'est que dans la deuxième pièce, l'amusant *Mystère des Trois Cors*, que le poète établit le rapport direct entre le soleil qui se meurt et le fait qu'on peut mourir d'amour.

Mais le soleil mourant n'est pas lié seulement à la sexualité. Il a presque dès le début des rapports avec les images, qui reviennent sans cesse, de la rosace et de la cathédrale.[4] Nous avons déjà vu qu'à l'époque du *Sanglot* la rosace appartient à une cathédrale vide, privée de la présence mystique de Dieu. C'est ce même pessimisme qui oblige le poète à adopter le rôle ambigu de Pierrot, tiraillé entre deux absurdités. De même la cathédrale, comme le désir de la foi, ne disparaît pas devant la philosophie de l'Inconscient et l'athéisme. Elle demeure comme le spectre d'une croyance disparue, représentant une de ces images (ou un de ces concepts) qui comportent un élément négatif, comme le "Tout-Nihil" des *Complaintes*. Rien ne pourrait donc être plus dissemblable de la cathédrale gothique, que le croyant Chateaubriand voyait dans les forêts de la nature. Il s'agit chez Laforgue de cette "Cathédrale anonyme! en ce Paris, jardin / Obtus et chic avec ses bourgeois de Jourdain / A rêveurs," cathédrale aux "vitraux fardés" (p. 30), le fard couvrant le néant, le vide et l'absence au cœur de la foi. Les couleurs éclatantes de la spiritualité médiévale semblent éteintes. Cette cathédrale, centre mort de la civilisation, se trouve remplacée pour le Pierrot de *L'Imitation* par une autre, faite de l'espace infini. Pour Pierrot et les vestales, la lune, qui a remplacé le soleil comme principe de centralité, "en son équivoque œil-de-chat / Est la Rosace de l'Unique Cathédrale" (p. 135), et dans *Jeux* elle est la "Rosace en tombale efflorescence / De la Basilique du Silence." Dans *Complainte des condoléances au soleil* où il est question de "Rosaces en sang d'une aveugle Cathédrale," la parenté entre soleil et rosace est des plus claires.

Il ne reste plus qu'à établir le rapport entre la rosace et la sexualité. S'il est assez voilé dans le *Roi de Thulé* par exemple où le roi rama vers le soleil, "Féerique Eglise," et même dans *Devant la grande rosace*, le rapport rosace-soleil-sexualité est indiscutable dans *Pétition*, la pièce V des *Derniers Vers*, à condition bien sûr qu'on lise ceux-ci comme *un* poème:

> O bouquets d'oranger cuirassés de satin,
> Elle s'éteint, elle s'éteint,
> La divine Rosace
> A voir vos noces de sexes livrés à la grosse,
> Courir en valsant vers la fosse
> Commune! . . Pauvre race!

Le poète se plaint ici que la sexualité pure, simple et brutale a remplacé la divine rosace, symbole de l'union de l'amour physique et de l'amour mystique. La version primitive, la pièce XXXVII des *Fleurs de bonne volonté*, était encore plus explicite, car le poète ajoute à la rosace l'image du temple et de la Basilique. La Rosace du Temple s'est éteinte et le poème continue ainsi:

> O Rosace! leurs charmants yeux
> C'est des vains cadrans d'émail bleu
> Qui marquent l'heure que l'on veut,
> Non des pétales,
> De ton Soleil des Basiliques Nuptiales!

C'est dans *Pétition* un des rares moments chez Laforgue où la parenté entre sexualité et religion n'est pas ironique. Il y a une suggestion d'ironie dans les "Rosaces ouvertes / Divines pertes" de la *Complainte de l'automne monotone*. Le plus souvent le parallèle est des plus cyniques, comme dans IV *Dimanches*, qui justement nous prépare pour la désillusion de *Pétition* par l'évocation du dégoût du poète:

> Oh! puissions-nous quitter la vie
> Ensemble dès cette Grand'Messe,
> Ecœurés de notre espèce
> Qui baille assouvie
> Dès le parvis! . . .

On trouve les exemples les plus crus de la juxtaposition ironique de vocabulaire religieux et amoureux dans la très dévergondée *Complainte des noces de Pierrot* où il est question de "tabernacles dévastés," d' "hostie ultime," d' "eucharistie" que le poète aurait bâclée, de "Saint-Sacrement," d'un "Epoux" qui n'est nullement mystique et d'un *Introïbo* qui n'a rien de liturgique. L'amour idéal n'étant qu'une illusion, le vocabulaire religieux ne peut plus s'employer pour désigner l'union des âmes, mais seulement de façon cynique pour désigner l'accouplement sexuel.

Un autre élément qui, *ex post facto*, se révèle érotique dans *L'Hiver qui vient*, ce sont les vendanges dont il est question dans les vers "Adieu vendanges, et adieu tous les paniers, / Tous les paniers Watteau des bourrées sous les marronniers." Là encore, le sens n'est clair que pour celui qui connaît déjà les "vendanges sexiprocques" des *Complaintes*, ou le "spasme universel des uniques vendanges" du *Sanglot*, ou pour celui qui, en lisant les "pressoirs / Des vendanges des grands soirs," de la pièce X avec son violent vocabulaire sexuel, s'en souvient par une sorte de mémoire affective. Il en reconnaît alors la valeur symbolique et annonciatrice.

Il n'en est pas jusqu'aux paniers qui n'aient un sens double dans cette pièce liminaire, car les "paniers Watteau" sont moins ceux où l'on met les raisins, que les robes, ou jupes, à paniers que portent dans les tableaux de Watteau ces dames si habiles dans leur moquerie des Gilles, lesquels ont des affinités si évidentes avec les Pierrots de Laforgue. Nous assistons encore une fois à un exemple de l'extrême concentration qui est le propre de la poésie de Laforgue à ce moment de son évolution; car dans ces vers il est fait directement allusion aux jeux sexuels de l'été et aussi au rôle de faible et de bafoué que le poète, nouveau Gilles, croit jouer dans les affaires du cœur. Les paniers ici rappellent ces jupes dont il est si souvent question dans les *Complaintes* et dans *L'Imitation*, et qui indiquent l'attitude désinvolte qu'il s'efforce de prendre envers la femme. L'amour n'est qu'une question de *jupe*—que Laforgue aime tant à rimer à la manière de Verlaine avec *dupe*: "je vivrais dupe / D'une âme en coup de vent dans la fraîcheur des jupes."[5] Il rêve ailleurs de "jupes de quinze ans," et pour Pierrot la Jupe n'est qu'une "lange à cicatriser." Pour celui qui sait regarder l'univers de Laforgue comme un tout cohérent et non comme autant de fragments dont les principaux seraient les divers recueils, il n'est peut-être pas si loin de ces paniers Watteau avec leurs sous-entendus sexuels à cette grande rêverie ironique où le poète réunit l'amour sexuel, l'amour maternel et sa philosophie bouddhique de l'Inconscient:

O Robe aux cannelures à jamais doriques
Où grimpent les Passions des grappes cosmiques;
O Robe de Maïa, ô Jupe de Maman,
Je baise vos ourlets tombals éperdûment! (p. 33)

Sans doute les amateurs de la psychologie tireront-ils de ces vers des leçons qui expliqueront la sexualité un peu maladive de l'œuvre et de l'homme, par son attachement trop exclusif à sa mère, absente en Amérique du Sud pendant ses années de lycée à Tarbes et qui est morte en 1878, quand il n'avait que dix-huit ans. On pourrait aussi relever nombre des passages de sa correspondance où perce un malaise sexuel qui semble indéniable. Ce qui serait plus difficile (et sans doute oiseux), ce serait de démêler la part de vérité de celle, sûrement plus grande, d'une pose ou d'une vogue à suivre dans un jeune poète qui s'est choisi, comme Huysmans et toute cette génération, décadent. Mais il serait plus prudent et plus raisonnable d'interpréter ces attitudes d'une manière moins particulière et de distinguer le moi qui écrit de celui qui vit dans la société, et l'univers poétique de la réalité vécue. C'est d'ailleurs un fait banal que souvent l'amour de la mère et l'amour physique se confondent, comme l'amour physique et l'amour mystique. De plus, la mésentente entre homme et femme, amant et amante, est un thème littéraire très ancien, de même que le divorce entre sensualité et intellect. Ce serait donc une impertinence, dans les deux sens du terme, de faire de Laforgue, d'après le seul témoignage de ses œuvres et de sa correspondance, un anormal ou un névrosé sexuel.

La "triste antienne" des cors accompagne la mort du soleil. Le son plaintif est la note qui convient à l'automne et à l'hiver qui vient. C'est elle que le poète s'efforcera de donner tous les ans, comme il dit à la fin du poème. La façon dont le son du cor relève les distances, accusant la qualité désertique du paysage d'automne et l'isolement du soleil qui s'éteint, "blanc comme un crachat d'estaminet," frissonnant et "sans personne," est merveilleusement bien rendue par la répétition monotone des mots et des rimes, et par la syntaxe interrompue. Il se crée ainsi comme deux plans, l'un donne la note aiguë et mélancolique des cors, l'autre celle plus basse de la narration. La façon dont le poète change d'un plan à l'autre et puis redescend, reprenant avec "Et font les fous" la note de la narration que, comme au piano, il avait retenue au-dessous de la ligne plus haute des cors, produit justement l'effet d'un espace élargi, rendu plus solitaire et plus vide:

> Et les cors lui sonnent!
> Qu'il revienne . . .
> Qu'il revienne à lui!
> Taïaut! Taïaut! et hallali!
> O triste antienne, as-tu fini! . .
> Et font les fous! . .
> Il gît là, comme une glande arrachée dans un cou,
> Et il frissonne, sans personne! . .

Hésitera-t-on à établir au cours de la lecture des pièces IV et VIII un rapport entre l'anémie, dont souffre le poète dans sa vie sentimentale, et ce soleil blanc, symbole aussi de la chaleur sexuelle, et qui semble saigner à mort, comme une glande arrachée? Ce ne serait qu'un autre exemple de la manière dont Laforgue nous donne à l'avance l'équivalent concret du drame sentimental qui se déroulera au cours des douze poèmes de façon de plus en plus explicite.

Mais le son du cor n'est pas sans ambiguité. Il n'est pas seulement plaintif, exprimant la nostalgie de l'été, mais il sonne le taïaut et l'hallali: il poursuit le soleil, le chasse et triomphe dans sa mort. Les cors sont pour ainsi dire les serviteurs des chasseurs qui tiennent le soleil aux abois. Cette ambiguité s'aggrave quand nous relevons dans les autres poèmes de Laforgue une équivalence entre les fanfares des cors et la violence de l'acte sexuel. *Le Mystère des trois cors* en est un exemple humoristique, mais il en est d'autres, surtout dans les *Complaintes*, plus violents et moins plaisants. La même valeur nostalgique et cruelle est présente dans la *Complainte des formalités nuptiales*, mais l'exemple le plus clair en est la *Complainte du soir des comices agricoles*:

> Les beaux cors se sont morts; mais cependant qu'au loin,
>   Dans les foins,
> Crèvent deux rêves niais, sans maire et sans adjoint.

Quand, dans *Simple Agonie*, le poète se plaint que la violence de
l'acte sexuel tue l'amour, il ne s'agit plus des notes romantiques
des cors, mais de fanfares beaucoup plus stridentes et cruelles:

> Les âmes y seront à musique,
> Et tous les intérêts puérilement charnels,
> O fanfares dans les soirs,
> Ce sera barbare,
> Ce sera sans espoir.

Parmi les autres échos de l'automne, il y a surtout la solitude
des lycées inhospitaliers et l'orphelinat des lycéens tels que le
poète ou son double Stéphane Vassiliew, héros du seul roman,
entre plusieurs projetés, que Laforgue ait terminé. C'est aussi la
grisaille des paysages faubouriens que Laforgue avait admirés
dans *En Ménage* de Huysmans, et qui, comme dans les vers suivants des *Fleurs de bonne volonté* accompagnent dans son esprit
octobre et les cheminées d'usines: "Octobre m'a toujours fiché
dans la détresse; / Les Usines, cent goulots fumant vers les
ciels . ." (p. 224). C'est aussi l'ennui des grandes villes et des
dimanches passés dans la solitude, le même ennui que le poète
évoquera tout le long des *Complaintes* et des *Fleurs de bonne
volonté*; ce sont les pianos des quartiers aisés, les salons où il ne
peut pas entrer, et c'est finalement la hantise de la tuberculose
qu'on trouve partout dans son œuvre, soit qu'obsédé par la mémoire du père mort de cette maladie il eût prévu que lui-même
en mourrait, soit qu'il eût deviné que Leah Lea en fût déjà
atteinte. Quoi qu'il en soit, la maladie est toujours là, associée
au mois d'octobre, à la fiancée et à "toute la misère" des grands
centres. Il y a dans *L'Hiver qui vient* le sentiment d'un retour à
la solitude et à l'ennui, aussi inévitable que celui des saisons ou
de la rentrée scolaire. Le poète est obsédé par l'écho des souvenirs d'un passé et d'un amour condamnés, tandis que le lecteur, en présence du vent, du soleil mourant, de la rouille, des
ornières des routes barrées, des vendanges et paniers, ne ressent
encore que le frisson des drames et des émotions à venir. Nous
ne pouvons donc pas trop insister sur l'unité des *Derniers Vers*,
auxquels *L'Hiver qui vient* est une sorte de prélude où tous les
thèmes et images mineurs ou majeurs sont esquissés ou suggérés,
de telle manière qu'au cours de la lecture nous éprouvons un

épanouissement et un rayonnement des images et de l'univers même du poète, tout aussi impressionnants que la célèbre "expansion des choses infinies" qui caractérise la poésie de Baudelaire et de toute poésie dont le but, comme celui de Flaubert, n'est ni de prêcher, ni d'exhorter, mais de "faire rêver."

Le deuxième poème de la suite fut publié pour la première fois dans *La Vogue* avec le titre *La Légende des Trois Cors*. Il s'agit évidemment d'une allégorie humoristique de l'amour non partagé et de la jalousie. Il commence par un dialogue entre le cor de la plaine, qui est féminin, et qui semble poursuivre celui des bois de façon importune. Ce dernier "ménage ses jolis poumons," ne se donnant pas la peine de répondre clairement, et semblant exagérer la distance qui le sépare de son partenaire accablant qui, à bout de souffle, le harcèle de ses grands cris. Lui répond qu'il "cherche sa belle, / Là-bas, qui m'appelle / Pour voir le Soleil couchant," et il se désintéresse totalement des professions d'amour et des "taïaut" et "hallali" de l'autre, voulant avant tout assister au décès du soleil. Il importe de noter que l'amour et la mort sont encore une fois liés, d'abord dans le cri "Roncevaux" émis par le cor de la plaine rappelant *Hernani* et surtout *La Chanson de Roland* et le *Cor* de Vigny célébrant la "mort des Paladins antiques," et ensuite, comme dans *L'Hiver qui vient*, dans l'image compliquée de la mort du soleil, symbole de l'union sexuelle du cor du bocage et de sa belle. Il convient de citer le passage dans son entier:

> Le Soleil dépose sa pontificale étole,
> Lâche les écluses du Grand-Collecteur
> En mille Pactoles
> Que les plus artistes
> De nos liquoristes
> Attisent de cent fioles de vitriol oriental! . . .
> Le sanglant étang, aussitôt s'étend, aussitôt s'étale,
> Noyant les cavales du quadrige
> Qui se cabre, et qui patauge, et puis se fige
> Dans ces déluges de bengale et d'alcool! . .

Le sens littéral est assez clair. En se couchant, le soleil ôte sa belle robe de pontife qu'il porte pendant le jour et ouvre les écluses du grand égout, produisant des rayons dorés (Pactoles), qui semblent se rallumer et redevenir rouges, en frappant les bouteilles de vin et d'alcool dans la vitrine des liquoristes. Les trois derniers vers du passage reprennent une image fréquente chez Laforgue et dont l'origine remonte sans doute à l'*Harmonie du Soir* de Baudelaire. Mais le sens symbolique est peut-être plus malaisé à définir. Pourtant, il semble certain que l'image de l'étole pontificale, que le soleil dépose, est étroitement liée à la divine Rosace qui s'éteint dans III. C'est à dire que dans l'acte sexuel où il meurt, le soleil perd sa qualité mystique et son mystère ou, selon l'expression du poème lui-même, il perd ses "gloires." Ce dernier mot rappelle "Arrêtons-nous, Amour, contemplons notre gloire" qui avait servi d'épigraphe à la version de *La Vogue* des poèmes IX et X, et qui figure *au verso* de la couverture des MSS à la Bibliothèque Jacques Doucet. Cette citation de Pétrarque, indiquant la supériorité de l'amour mystique et de la "gloire" à l'amour physique, pourrait d'ailleurs servir d'épigraphe ironique aux *Derniers Vers* et à toute l'expérience amoureuse de Laforgue.

"Les écluses du Grand-Collecteur," de l'égout principal, serait sans doute une périphrase pour désigner le spasme sexuel. De même les déluges de Bengale et d'alcool ont sûrement un sens érotique, comme dans le vers de *Solo de Lune* "Noce de feux de Bengale noyant mon infortune"; car chez Laforgue le feu d'artifice indique la passion explosive, par exemple dans la *Complainte du pauvre chevalier-errant* où "Feu-d'artificeront envers vous mes sens encensoirs."

Après cette explosion de l'image et la disparition du soleil, le poème prend le ton d'une anecdote piètre et ridicule. Les trois cors se retrouvent consternés et, ne sachant quoi faire, s'en vont avec un rire amer boire un coup ensemble au Grand Saint-Hubert, ce qui fera parfaitement leur affaire, Saint Hubert étant le patron des chasseurs. Le lendemain on les trouve morts d'amour, de chagrin ou de jalousie, on ne sait, mais dans les quatre derniers vers, qui ne figurent pas dans la version de *La Vogue*, on apprend que les autorités "dressèrent procès-verbal / De ce mystère très-immoral."

Le Mystère des Trois Cors reprend certains thèmes et images de *L'Hiver qui vient*: l'amour, la mort, le cor, la mort du soleil. Il introduit un thème nouveau, celui de la jalousie, et il déclare *expressis verbis* qu'on peut mourir d'amour. Mais, ce qui est peut-être plus important, il introduit le ton badin et ironique qui est le propre de Laforgue, qui n'est absent d'aucune de ses œuvres, sinon de *Stéphane Vassiliew*, et qui constitue sa façon, détournée peut-être, de se confesser. C'est en fin de compte ce recul ironique qui rendra possible le salut du poète, qui, Hamlet moderne, optera dans le dernier poème pour un compromis qui lui permettra de vivre.

Dans III *Dimanches* le poète élabore son problème personnel dont on n'a eu jusqu'ici que le ton et la sensation. L'ennui et l'atonie des dimanches solitaires ont été suggérés dans *L'Hiver qui vient* par la mention des pianos et des "Rideaux écartés du haut des balcons des grèves." Le lecteur de Laforgue aura déjà remarqué la *Complainte d'un certain dimanche*, la *Complainte d'un autre dimanche* et les treize poèmes des *Fleurs de bonne volonté* qui prennent le titre *Dimanches*. Le titre des pièces III et IV des *Derniers Vers* rappelle le "dernier dimanche" de *L'Hiver qui vient*, que les nuées "accourues des côtes de la Manche" avaient gâté. Mais les dimanches que dans *L'Hiver* le poète semble tant regretter furent peut-être moins heureux qu'il ne le pense et ne gardent leur attrait que parce qu'ils sont irrévocablement passés. Autrement, comment réconcilier ses regrets d'une part, et d'autre part son ennui et son évocation des jeunes bourgeoises (parmi lesquelles il faut compter sa fiancée), avec qui le poète semble incapable d'établir des liens profonds et satisfaisants?

Le problème semble double. D'une part le poète nous raconte dans un langage volontairement désinvolte qu'il était sur le point de déclarer son amour ("'j'allais me donner d'un 'Je vous aime' "), quand il s'avisa "Que d'abord je ne me possédais pas bien moi-même." C'est-à-dire que le poète-Hamlet se trouve toujours en proie aux mêmes hésitations concernant son identité que celui des *Complaintes* et de *L'Imitation*. "Pauvre, pâle et piètre individu," il "ne croit à son Moi qu'à ses moments perdus." Comment donc peut-il dire "Je vous aime," quand il ne connaît ni le sujet, ni l'objet de sa déclaration? Le Moi n'est pas pour Laforgue une entité spirituelle ou métaphysique invariable. Au contraire il est multiple: au physique et au moral il n'est "qu'une colonie de cellules de raccroc," où il n'y a rien de "bien solvable" et rien d'authentique, si bien que

> Quand j'organise une descente en Moi,
> J'en conviens, je trouve là, attablée,
> Une société un peu bien mêlée,
> Et que je n'ai point vue à mes octrois. (p. 229)

Or, les crises d'identité et les doutes concernant la nature du moi sont un thème que la littérature romantique et post-romantique avait exploré avec un certain acharnement. La descente dans le moi et dans l'inconscient avait pour but de trouver un point fixe dans la mouvante réalité du monde et du moi, de trouver, au-delà des variations superficielles des états d'âme, le moi authentique et absolu, autour duquel le poète pourrait ordonner l'univers et sa pensée. Autrement dit l'absolu, ce n'est plus ni Dieu, ni l'ordre de l'univers, mais le *moi*, seul invariable dans le chaos des phénomènes. Différente de celles de Nerval, de Hugo et de Rimbaud, l'entreprise de Laforgue est dès le début limitée et vouée à l'échec par l'ironie et l'analyse de soi. Il en résulte que le déséquilibre des facultés, en particulier de la sensibilité et de l'intellect, n'est jamais transcendé par Laforgue. Quel que soit le rôle dans lequel momentanément il se voit, il ne peut jamais éviter le regard de cet œil intérieur, de cette partie du moi qui est toujours spectatrice de l'autre. L'ironie, c'est sa manière d'être fidèle au rôle et au spectateur et d'exprimer la complexité de ce qui est. La pantomime et les pirouettes de Pierrot ne seraient donc qu'une manifestation extérieure d'un ballet qui se joue dans l'âme.

La communication avec les autres et surtout avec les femmes est rendue d'autant plus difficile que le poète, tel Pygmalion aveuglé par Galathée, est incapable de voir la réalité du monde extérieur, constamment faussée par son aspiration vers un idéal de la beauté féminine. Par contre, la femme, y compris la fiancée des *Derniers Vers*, instrument de l'Inconscient voué à la perpétuation de la race, n'est jamais la proie du doute et de l'angoisse. Laforgue écrit dans *Mélanges posthumes*: "L'homme est mort, vive la Femme! Elle croit au *moi*, et n'a pas peur de la mort, et elle est fermée aux angoisses métaphysiques et au désespoir de l'Inconnaissable" (*M.P.*, p. 53). Autrement dit, la femme accepte sa condition terrestre et matérielle. Elle ne vit pas écartelée entre un matérialisme décevant et un idéalisme intenable et absurde.

La fiancée s'est alors effacée et le poète se retrouve seul en "cette nuit anniversaire" avec ses regrets et les Valkyries du vent beuglant à sa porte *Vae soli*. Mais le vent se calme et le poète assiste de loin au spectacle des bonnes familles correctes, "bien" et bourgeoises avec leurs "layettes et collerettes et robes blanches" en route pour la messe du matin. La jeune demoiselle "à l'ivoirin paroissien" semble ou lui rappeler sa fiancée, ou être la création d'une sorte de mémoire affective, car elle annonce la figure de la jeune fille de la pièce IX qui a "tant pleuré dimanche dans [son] paroissien." Tout de suite après, le poète change de ton, se plaignant à sa fiancée en termes ironiques qui expriment une sorte de spiritualité toute physique: "Mon corps, ô ma sœur, a bien mal à sa belle âme." Cette juxtaposition ironique du corps et de l'âme, qui se répète dans XII dans le vers "arrose / Mon cœur si brûlant, ma chair si intéressante!" est la clef du problème du poète, car non seulement il y a déséquilibre entre l'intellect et la sensibilité, mais il y a aussi un déséquilibre parallèle entre l'esprit et la sensualité.

Dans III ce décalage en appelle un autre. La mémoire affective replonge le poète dans le passé et dans la fraîcheur des débuts de leur amour. C'est là le sens des vers "Oh! voilà que ton piano / Me recommence, si natal maintenant!" Le décalage entre l'innocence de la fiancée avec son "cœur qui s'ignore" et les grossiers refrains vulgaires des "bastringues à tout venant," qu'elle joue au piano et qui semblent la blesser ("Et ta pauvre chair s'y fait mal"), sert de prélude à l'explosion dans l'imagination de la violence et de la sexualité:

> Ah! que je te les tordrais avec plaisir,
> Ce corps bijou, ce cœur à ténor,
> Et te dirais leur fait, et puis encore

La manière de s'en servir
De s'en servir à deux,
Si tu voulais seulement m'approfondir ensuite un peu!

C'est la revanche rêvée de la sensualité exaspérée du poète qui refuse de n'être qu'un "grand cœur" aux yeux de la fiancée. Momentanément, il ne veut qu'une union charnelle violente. Mais c'est tout de suite un retour à l'ordre, au *statu quo* et au refus des liens charnels, où les partenaires ne se communiquent rien et ne font que s'entrevoir "En monomanes, en reclus" dans l'intimité étouffante et hystérique de la passion. Pour sa part, il voudrait s'élever au-dessus de cette obsession de la chair de la fiancée pour trouver un rapport qui serait en même temps spirituel—"Et ce n'est pas sa chair qui me serait tout." C'est alors qu'il rêve d'une union du cœur et de l'esprit où il y aurait la fraternité et la passion. C'est le sens du vers: "Mais quoi s'en aller faire les fous / Dans les histoires fraternelles," car "faire les fous" rappelle immédiatement les cors de *L'Hiver qui vient* qui "font les fous" au moment de la mort du soleil. C'est encore une de ces notes des *Derniers Vers* qui, jusqu'à ce que le sens en devienne complètement clair, rayonnent avec des prolongements de rêve.

Dans les vers "C'est l'Esprit édénique et fier / D'être un peu l'Homme avec la Femme" nous avons la première manifestation de cette préoccupation d'un bonheur légendaire, un des principaux thèmes des *Derniers Vers* et qui reparaît dans V, VII, VIII (ce dernier a justement pour titre *Légende*) et, de façon atténuée dans X. Il s'agit ici dans III du bonheur d'avant la chute, dans l'innocence du jardin d'Eden où l'homme et la femme acceptent leur nudité et leur sexualité naturellement, sans la conscience du mal, et où ils s'acceptent fraternellement comme compagne et compagnon. Il convient pourtant de distinguer cet état d'un abandon à la loi de l'Inconscient, car il semble doublé d'une sorte d'amour platonique, union des âmes et non seulement des corps. Le propre de ces légendes laforguiennes, c'est évidemment d'être situées dans un ailleurs du temps et de l'espace, loin de la réalité vécue. C'est pourquoi le poète doit dire adieu à la fiancée (dans des vers d'ailleurs qui rappellent les discours de Hamlet touchant l'honnêteté dans Acte II, et aussi un certain passage de *Lucrèce* de Ponsard).[6] Elle est priée de se garder de coups de tête (ce qui annonce peut-être son évasion avec le beau monsieur de IX ou ses courses le long des forêts), de filer son rouet, de prier et rester honnête. Les cinq derniers vers reprennent le thème du beau dimanche que le rêve du poète avait interrompu, et il essaie de prendre ses distances par rapport à son drame, de sortir de son monde intérieur où il reste trop enfermé pour s'acheter "deux sous d'ellébore," l'ellébore étant, comme dans *La Tortue et le lièvre* de La Fontaine, la cure traditionnelle de la folie.

Avant de reprendre le thème des "Jeunes Filles inviolables et frêles," IV *Dimanches* s'ouvre avec l'évocation du vent d'automne, répétant ainsi le ton de *L'Hiver qui vient*, et élaborant l'image de la chute des feuilles pour la doubler d'une connotation théâtrale. Les feuilles sont donc à la fois celles des arbres, des réclames des pièces et aussi et surtout les légendaires Antigones et Philomèles qui rappellent par leur innocence le Petit Chaperon Rouge de *l'Hiver*:

> C'est l'automne, l'automne, l'automne,
> Le grand vent et toute sa séquelle
> De représailles! et de musiques! . .
> Rideaux tirés, clôture annuelle,
> Chute des feuilles, des Antigones, des Philomèles:
> Mon fossoyeur, *Alas poor Yorick!*
> Les remue à la pelle! . .

Dans ces premiers vers si concentrés Laforgue réunit les thèmes de l'automne, du vent, de la femme innocente et légendaire, de Hamlet, de la mort, du remords (représailles) et de la claustration (les rideaux tirés désignent à la fois la fin des pièces et la solitude du poète enfermé dans sa chambre). Bien qu'il ne soit pas mentionné, le nom d'Ophélie vient immédiatement à l'esprit du lecteur et vient rejoindre Philomèle et Antigone, toutes les trois étant les victimes innocentes de la passion et de la haine, car emmurée par le cruel Créon pour avoir, au nom de la justice divine, enterré son frère contre l'ordre de Créon, Antigone est amenée à se pendre, et Philomèle est outragée et violée par son beau-frère qui lui arrache la langue afin de l'empêcher de parler de sa méchanceté; quand il essaie enfin de la tuer, Philomèle est transformée en rossignol. C'est bien le tombeau d'Ophélie que le fossoyeur est en train de creuser, enterrement de folle (Ophélie est rendue folle par son amour pour Hamlet, responsable de la mort de son père) et dont nous avons eu comme un pressentiment dans le vers de III "ma petite folie est morte! / Qu'importe *Vae soli*! / Je ne retrouverai plus ma petite folie." Cette présence à peine voilée d'Ophélie explique les "représailles," remords et regrets qui hantent le poète-Hamlet.

Devant la pureté des jeunes filles inviolables, frêles, endimanchées et qui se rendent à l'église, le poète, qui ne va pas à l'église, se réfugie dans le rôle boudeur (et sans doute athée) de "Chancelier de l'Analyse" et dans celui encore plus boudeur et insociable de l'ours, d'un ours blanc, polaire, "venu par ces banquises / Plus pures que les communiantes en blanc." Semblable au roi de Thulé, il s'impose une sorte de chasteté, non pas celle si facilement vaincue des jeunes filles, mais la chasteté farouche de l'homme froissé au spectacle des attitudes hypocrites envers la sexualité et le mariage. Blessé, le poète éprouve une sorte d'anémie, une froideur qui fait qu'il recule devant la sensualité, anémie qui, nous l'avons dit, deviendra son blason dans VIII et qui en même temps rappelle le soleil blanc de *L'Hiver qui vient*, symbole de la passion morte. C'est à ce moment qu'il se tourne "vers la mer, les éléments / Et tout ce qui n'a plus que les noirs grognements." La mer chez Laforgue est souvent, comme dans *Préludes autobiographiques* et la *Complainte de l'automne monotone*, le symbole des forces de l'Inconscient ou d'une descente dans les profondeurs du moi. Mais ici elle représente l'inculture et la sauvagerie des éléments par opposition aux paroles creuses et *civilisées* qui décrivent la "merveille" de l'amour et du mariage. L'ironie du poète est très féroce, touchant le côté soi-disant sacré du mariage ("Oh! que c'est sacré! / Et qu'il y faut de grandes veillées!"), la nécessité d'une préparation ayant l'allure d'une ascèse et même l'attitude des fiancés "ivres, avant qu'émerveillés" et à genoux. Il y a aussi le rite de la première nuit (des "grands soirs") et la parenté, devenue un cliché, de la mort et l'amour. L'amour est "une

merveille qu'on n'a su que cacher . . . / Et qu'on n'ose toucher /
Qu'à l'aveugle, en divin délire." C'est à dire que l'on n'a pas
voulu parler franchement et ouvertement de cette merveille; on
l'a cachée sous un vocabulaire d'emprunt, n'osant pas la regarder
comme elle est:

> O merveille,
> Reste cachée idéale violette,
> L'Univers te veille,
> Les générations de planètes te tettent,
> De funérailles en relevailles! . .

Le poète veut que le secret de la merveille reste caché. Ce qui la
gouverne, c'est l'Inconscient, la force vitale, loi qui est le moteur
de tout l'univers, même des espaces interstellaires, que d'ailleurs
Laforgue voit volontiers dans d'autres poèmes comme une sorte
de matrice où sont formés les planètes, les nébuleuses et les
mondes. Dans de telles rêveries, l'espace sous-marin n'est pas
tellement différent de l'espace interstellaire, car tous deux sont
les lieux d'une génération perpétuelle. L'amour et le mariage ne
sont donc que les instruments de la vie universelle et du grand
mouvement circulaire de la génération "De funérailles en relevailles." L'apostrophe ironique du poète proclamant que
l'amour est plus haut que "ce Dieu et que la Pensée" révèle
encore une fois l'ambiguité de son attitude vis-à-vis de l'Inconscient, car le Chancelier de l'Analyse a du mal à se soumettre à
cette loi qu'il reconnaît comme transcendante et plus haute,
mais aussi, du moins implicitement, comme inconsciente et
bête—ironie qui est soulignée par la rime où l'esprit et la Pensée
rappellent les yeux levés de la fiancée, "Tout inconscients et
couleur de pensée." Cette ambiguité du poète à l'égard de l'Inconscient s'étend à la femme pour qui il sent à la fois du dégoût
et de la pitié. Et le poème se termine comme la pièce précédente
par une invitation à la fiancée de tourner le dos à l'amour physique dégradé, à ces "messes dont on a fait un jeu," et, chaste,
de regarder "les grappes des premiers lilas," symboles sans doute
de la pureté. Le vœu final de "quitter la vie / Ensemble dès cette
Grand'Messe" montre l'écœurement du poète envers la sexualité
et son "mortel foyer." Il indique en même temps que la vio-

lence, dont il avait fait preuve dans III, s'explique autant par la timidité et par un goût de la pureté, que par une sexualité exaspérée.

Petition reprend la leçon de IV. L'amour absolu n'est qu'une illusion ou une impossibilité, et il ne reste que des compromis— "Pas d'absolu; des compromis; / Tout est pas plus, tout est permis." L'amour absolu, c'est un "carrefour sans fontaine," image saisissante pour désigner le caractère essentiellement désertique de ce lieu de rencontre de deux routes qui continuent et où les amoureux ne trouvent rien qui puisse étancher leur soif d'absolu. L'image est intéressante, parce que la plupart des carrefours ne possèdent pas de fontaine. Dans un sens on s'étonnerait d'en trouver une, mais ici l'impression de désolation est créée par la mention de l'absence de quelque chose que normalement on s'étonnerait de trouver. Il suffit donc de parler de l'absence pour créer le besoin. Autrement dit, on crée l'atmosphère, non par la description du lieu tel qu'il est, mais tel qu'il n'est pas. Le vide et la solitude de ce carrefour font contraste avec le tapage "d'étourdissantes fêtes foraines," de cette foire aux vanités qu'est l'amour purement physique. Cette image s'apparente par sa vulgarité et sa grossièreté à celles des casinos et des orgues de barbarie des autres poèmes et annonce le vers "Que la vie est une étourdissante foire" de la pièce finale. La divine Rosace de l'Idéal du mysticisme et de la sexualité s'éteint au spectacle des noces valsant comme les feuilles de III et de I vers la "fosse commune," qui est à la fois le tombeau et symbole des organes sexuels. Que les femmes soient "jamais franches" ou exactement l'inverse "le poing sur la hanche," "Avec toutes, l'amour s'échange / Simple et sans foi comme un bonjour," et le poète de les congédier toutes de sa vie, les Circés enchanteresses, "les yeux en grand deuil comme des pensées" (symboles ironiques du deuil et de la passion d'où la pensée est exclue), les béatifiques Vénus, découvrant les gencives comme un régal, non par passion, mais dans un espoir de martyre, comme l'indique le passage suivant des *Mélanges posthumes*:

Le montré de la denture est la caractéristique des têtes de mort. —Et voyez l'effet dans un visage d'adorable jeune adolescente. C'est tout de suite un rappel de fragilité, de tombe, du sublime martyre de la créature périssable mais révoltée et sanglotante quand même vers le bonheur—puis l'ouvert de la bouche comme après un sanglot, et cela avec un parfum d'effaré devant un inconnu qui doit venir incessamment et qu'on attend la lampe à la main comme les Vierges sages! (*M.P.*, p. 60)

Il congédie aussi les femmes adultères "tenant sur fond violet le lotus / Des sacrilèges domestiques, / En faisant de l'index: *motus!*," pour qu'on n'en parle pas et que le sacrilège domestique demeure un secret. L'ironie du poète porte ensuite, en passant par la séductrice et l'enchanteresse, sur le type de la femme virginale et innocente, prête à défaillir ou à s'évanouir à la moindre indiscrétion, et dont les yeux bleus semblent des cadrans destinés à marquer le moment où elles se donneront à l'Idéal de l'Amour. C'est là le sens des vers suivants:

> Passez, passez, bien que les yeux vierges
> Ne soient que cadrans d'émail bleu,
> Marquant telle heure que l'on veut,
> Sauf à garder pour eux, pour Elle,
> Leur heure immortelle.

Le poète veut abolir la condition d'esclave que l'Histoire leur a imposée. La réalité sexuelle n'a rien à voir avec l'hypocrite rôle d'ange, ou d'ange gardien, qui feint de ne rien comprendre et qui se soumet à l'amour physique à froid, comme à un suicide. Le ton à la fois cru et ironique—

> Qu'on peut les en faire descendre
> Vers d'autres étages,
> Vers les plus frelatées des caves,
> Vers les moins ange-gardien des ménages!

—rappelle celui de III où le poète tordrait "avec plaisir ce corps bijou" pour faire comprendre à la fiancée les vérités de son anatomie.

La fin du poème forme au fond la pétition du titre. L'idéal serait qu'il ne soit plus question de clichés vulgaires concernant le "grand amour," d'échanges désinvoltes simples et sans foi comme un bonjour, mais d' "humains échanges," où le couple

s'accepte humainement comme frère et sœur, unis par le cœur
et par un passé commun (ce qui contraste avec la nature essentiellement transitoire du carrefour) et par l'Infini. C'est-à-dire
qu'ils seront unis dans leur condition humaine menacée. Cet
état, par sa réalité terrestre et présente, diffère du légendaire et
mythique "esprit édénique et fier" qui était l'idéal de III. Il
rappelle un peu l'amour "taciturne et toujours menacé" entre le
poète et Eva dans *La Maison du Berger* de Vigny. Mais la sensibilité de Laforgue recule devant ce qui ressemble de plus en plus
à un cliché de l'amour rustique, et par un retour typique, il le
tourne en dérision:

> Oh, simplement d'infinis échanges
> A la fin de journées
> A quatre bras moissonnées,
> Quand les tambours, quand les trompettes,
> Ils s'en vont sonnant la retraite,
> Et qu'on prend le frais sur le pas des portes,
> En vidant les pots de grès
> A la santé des années mortes
> Qui n'ont pas laissé de regrets,
> Au su de tout le canton
> Que depuis toujours nous habitons,
> Ton ton, ton taine, ton ton.

Ce dernier vers évoque le son des cors de *L'Hiver qui vient* et du
Mystère des trois cors, mais il est surtout un commentaire ironique sur les "boniments" que vient d'énoncer le poète, qui sait
dorénavant que l'idéal ne peut se réaliser que dans l'imagination.

Dans *Simple Agonie*, face à l'impossibilité de l'amour idéal et
absolu, le poète semble s'installer dans une attitude des plus
purement nihilistes. Sa situation de paria, d'étranger à la société
et à l'univers—qui n'est qu'un élargissement de son rôle d'Ours
blanc—est sans issue et sans remède. Malgré le retour des saisons,
il ne semble que tourner en rond ou piétiner en une vaine répétition d'attitudes, de réactions et de pensées. Les "sympathies
de mai," symbole de l'espoir et de la renaissance, ne lui sont
d'aucun secours et pareil à la grenouille qui voulait être aussi
grosse que le bœuf, il se gonfle et ne crève jamais. Autrement

dit, il est incapable de sortir de l'hiver de sa vie sentimentale, de rejeter un passé, dont il reste le prisonnier, et de s'intégrer dans le "système" (cf. la *Complainte des printemps*) ou dans le cycle de la nature, qui veut que des choses mortes et passées on fasse de l'avenir et de la vie, acceptant l'appel d'amours et d'attachements nouveaux. Ce qui veut dire que, sur le plan sentimental, le temps est pour ainsi dire arrêté, comme à la fin de I—"Que l'autan, que l'autan / Effiloche les savates que le Temps se tricote!"—si bien que la note qu'il s'était promis de donner tous les ans se prolonge au-delà de l'hiver pour devenir la dominante monotone de l'année entière, bruit vain incapable de saisir ce qu'a de particulier le moment éphémère du présent. Persuadé ainsi de sa médiocrité, le poète-paria cherche une poésie pouvant briser le moule du passé avec ses répétitions infinies, pour capter la réalité unique, la vérité et le caractère spécifique du moment présent. Son art ne sera donc plus je ne sais quelle spéculation d'ordre métaphysique ou lamentation sentimentale, mais la note résumant en elle l'essence de l'éphémère présent, "l'instant le plus seul de la nature," disant "la chose qu'est la chose." Sa mélodie, ce "solo de sanglots," aura beau être pénible, elle n'en sera pas moins "toute et unique"—et aidera ainsi à alléger sa peine. Mais tout de suite le poète ajoute une note ironique par la juxtaposition de la crucifixion de la musique (avec l'idée d'une mort et d'une résurrection), et l'objet relativement banal de la photographie "Accoudée et mélancolique." Il redit son désir de "trouver d'autres thèmes / Plus mortels et plus suprêmes," c'est-à-dire plus limités au moment, à la fois plus élevés et plus éphémères et près de la mort, "suprême" ayant ici un double sens. Mais ce moment unique, cet instant si condensé qu'il ressemble à l'éternité, appelle tout de suite son contraire, moment de la vraie mort, du vide et d'un nihilisme qui fait que le poète veut tout balayer et détruire: "avec le monde tel quel, / Je vais me faire un monde plus mortel!" Ce seront alors les "fanfares dans les soirs" de la cruauté, de la vulgarité et de l'accouplement sexuel. "Ce sera barbare, / Ce sera sans espoir." Et le poète procédera à un examen et à un bilan de la soi-disant civilisation avec ses valeurs dégradées et sa grossièreté. Faisant la part de la violence qu'il y trouve il opte, en vrai nihiliste, pour

le "remède" de "tout casser." Cette longue révolte contre la
cruauté, l'injustice et la grossièreté de la vie se termine par le cri
de ralliement ironique, semblable au "Temps des Assassins" de
Rimbaud, "Aux armes, citoyens! Il n'y a plus de RAISON." Ce
Hamlet moderne éclate en un paroxysme de rage et de sadisme,
qui n'est pas sans rapport avec ceux de son compatriote monté-
vidéen, Lautréamont. Puisque la religion de l'amour lui a manqué et qu'il n'y en a pas d'autre, le mal du poète prend ici les
proportions d'une véritable angoisse métaphysique, car il n'y a
pas que lui qui soit paria. La terre elle-même est le "paria vrai
des planètes":

> Alléluia, Terre paria!
> Les hommes de l'art
> Ont dit: "Vrai, c'est trop tard."
> Pas de raison,
> Pour ne pas activer sa crevaison.

Ces vers rappellent, sinon par leur violence du moins par leur
message, un des premiers poèmes de Laforgue, la *Marche funèbre pour la mort de la Terre*: le monde et la civilisation sont
finis, l'Histoire, n'ayant plus de sens, n'est qu'un moment absurde et éphémère dans l'éternité, le rêve, ou plutôt le cauchemar, d'une terre morte.

Il s'établit ainsi une correspondance entre le poète paria et la
Terre paria, tous deux éphémères, perdus dans l'infini du temps
et de l'espace, mais il s'agit d'une correspondance négative entièrement différente de celles des Romantiques. Le poète n'est
plus celui qui se sent mystiquement uni au grand Tout, ni même
celui qui chante mal dans l'universelle harmonie, c'est celui qui,
conscient de son néant, se sent lié à un cosmos qui est fait de
noir, de vide et de silence. Le mystique athée, c'est celui pour
qui les vides intérieur et extérieur ne font qu'un.

Il est typique de Laforgue de prendre ses distances après
avoir vécu le rôle de paria et de révolté à bout de nerfs, et de
parler de soi comme d'un "Il." La violence de son explosion est
pour ainsi dire niée par le retour à la leçon du *Mystère des trois
cors*:

Il prit froid l'autre automne,
S'étant attardé vers les peines des cors,
Sur la fin d'un beau jour.
Oh! ce fut pour vos cors, et ce fut pour l'automne,
Qu'il nous montra qu' "on meurt d'amour"!

Les quatre derniers vers avec leur courbe ironique et descendante servent d'épitaphe à ce poète qui avait vécu en étranger, retranché de la société et du monde extérieur, qui vint trop tôt pour être compris de ses contemporains et qui pourtant s'enfermait dans "l'Histoire en tirant les verrous," image éloquente de la claustration qu'il affectionne. Il ne s'agit plus de sortir de ce monde enfermé, comme il avait essayé de le faire à la fin de III, mais d'une invitation à "vous qui m'écoutez" de rentrer chacun chez vous. La distance entre le poète et le monde est totale et ceux qui sont capables de le comprendre feraient bien de suivre son exemple et ne pas tenter de sortir, ce qui chez l'homme intelligent et sensible ne peut qu'aboutir à la rage et au désir de "tout casser." A la fin du poème le titre *Simple Agonie* se révèle ironique, car l'agonie est double de celui qui meurt d'amour et de celui qui, paria de la société et de l'univers, meurt de désespoir et de nihilisme.

Solo de Lune, dont le titre rappelle le "solo de sanglots" du poème précédent, semble la réalisation de l'esthétique que Laforgue y rêvait d'une poésie capable de capter l'essence et l'unicité du moment. Il ne s'agit pas du "cru, quotidien, et trop voyant Présent," dont parle *Mettons le doigt sur la plaie* des *Fleurs de bonne volonté*, poème qui ressemble d'ailleurs à l'ouverture de *Solo de Lune* par son évocation d'Ariel, l'esprit aérien de *La Tempête* de Shakespeare. Le passage suivant des *Mélanges posthumes* nous renseigne sur le rôle d'Ariel chez Laforgue:

Je ne trouverai beau et pur que ce que j'imagine et ce dont je me souviens— ce qui peut arriver et ce qui a été. Je me sens comme un Ariel au-dessus du Présent—l'odieux et quotidien et importun Présent—ainsi pour la femme et tout. Oh! qui jettera un pont entre mon cœur et le Présent. C'est que le souvenir et le rêve sont l'art d'enchâsser les moments, de les prendre

en eux ébarbés du moment d'avant et du moment d'après, des regrets et
des appréhensions qu'eût ainsi ce moment. Aux paysages il enlève le trop
froid et le trop chaud et tous les ennuis du corps—l'âme seule est prise. Et
ne vivre qu'avec son âme . . . Ah! ne vivre qu'avec son âme! (*M.P.*, p. 70)

On ne saurait trouver explication plus claire de ce qui se passe
dans ce poème. Il s'agit, comme dans Proust, Baudelaire, Flaubert et Nerval de cette mémoire affective ou involontaire, grâce
à laquelle le poète arrive à planer au-dessus du présent vulgaire,
pour vivre un moment affranchi de l'ordre du temps. Par
l'action du souvenir et du rêve, le "solo de sanglots" se mue en
Solo de Lune, et l'angoisse, comme enchantée, devient calme et
voluptueuse. Les routes, coteaux, fumées et vallons, par lesquels
il passe sur l'impériale de la diligence, semblent tout entourés de
rêve, tandis que son âme danse dans le temps, rendant présent
par le souvenir, "sans miel, sans fiel," sans mièvrerie et sans
amertume, le passé qu'il avait vécu avec sa fiancée, et dont le
poème entier est une sorte de récapitulation ("Ma belle âme, ah!
récapitulons"). L'âme du poète semble quitter sa carcasse caho-
tée pour errer dans le temps et l'espace, de même que le paysage
semble libéré par le mouvement de la diligence. Tout le long du
poème, il y a interférence du paysage à moitié rêvé, avec les
associations qu'il éveille dans l'esprit du poète, et du passé
rendu présent par le souvenir.

Ils se sont aimés passionnément "comme deux fous," ce qui
rappelle les cors qui "font les fous" dans I, et la "petite folie"
qui est morte dans III. Ils se sont quittés à cause du spleen qui,
comme dans VI, avait fait du poète un paria et un étranger ("Un
spleen me tenait exilé, / Et ce spleen me venait de tout"). La fiancée semble avoir plaidé pour qu'ils restent ensemble, "Mais nul
n'a voulu faire le premier pas, / Voulant trop tomber *ensemble*
à genoux." Cette idée revient dans *Sur une défunte* et reprend
le désir exprimé par le poète d'une égalité entre les amoureux
qui, au lieu de jouer le rôle de maître et d'esclave historique, de
chasseur et de proie, seraient comme frère et sœur légendaires.
L'inquiétude du poète sur ce qu'est devenue la fiancée s'éva-
nouit. Son attention revient au paysage actuel, enchanté par le
souvenir et le rêve, par la correspondance entre son humeur et
la mélancolie du paysage, et par le sentiment d'une union avec

la nature, si bien que la tristesse et l'angoisse des vers précédents se transforment en sérénité:

> O fraîcheur des bois le long de la route,
> O châle de mélancolie, toute âme est un peu aux écoutes,
> Que ma vie
> Fait envie!
> Cette impériale de diligence tient de la magie.

Ce paysage est très différent de celui de *L'Hiver qui vient*, car ici la route est symbole de mouvement, de liberté, de communication et même de légèreté. La nature semble frissonner d'une vie mystérieuse. Tout ce qu'il y avait de sinistre dans *L'Hiver* et qui représentait le drame du poète a disparu. Mais celui-ci revient encore au passé, poussé sans doute par les associations éveillées par les étoiles et le clair de lune:

> Les étoiles sont plus nombreuses que le sable
> Des mers où d'autres ont vu se baigner son corps;
> Tout n'en va pas moins à la Mort,
> Y a pas de port.

Dans ces vers Laforgue condense une gamme tout à fait extraordinaire d'images, de sentiments, de tons et de thèmes. La grande rêverie cosmique reliant ciel et mer, étoiles et sable, en un archétype de l'espace infini, est doublée par le thème purement personnel de la jalousie de l'amant, qui croit que d'autres hommes ont admiré sa fiancée pendant ses baignades. La mer "où d'autres ont vu se baigner son corps" est aussi la mer, symbole du temps et de l'espace infinis qui menacent l'éphémère existence humaine, tandis que les vers qui suivent, avec leur rythme maladroit et leur ton vulgaire, se moquent avec une ironie typiquement laforguienne du grand thème, devenu un cliché littéraire, que Lamartine a évoqué dans *Le Lac*:

> Aimons donc, aimons donc! de l'heure fugitive,
> Hâtons-nous, jouissons!
> L'homme n'a point de port, le temps n'a point de rive;
> Il coule, et nous passons!

Mais l'évocation de la mer ramène le poète à son amour ("Des ans vont passer là-dessus") auquel il n'y a pas d'issue. Mariés ou non, ils auraient eu des regrets, puisque l'idéal n'est jamais dans le présent, mais seulement dans le bonheur virtuel. Le poème continue, suivant la même courbe du bonheur à la peine et de la peine au bonheur. L'évocation du lever de la lune et du paysage presque vide, sans autre particularité que les bornes kilométriques, facilite la confusion du dehors et du dedans, et le poète se sent comme égaré dans l'espace et dans son propre monde mental—"O route de rêve, ô nulle musique." Mais à mesure que la diligence poursuit sa route dans la forêt "où depuis / Le commencement du monde / Il fait toujours nuit," le temps aussi se met à se brouiller, et l'imagination du poète donne naissance à un couple d'amants légendaires et romantiques "Qui gesticulent hors la loi." Ils sont "hors la loi" parce qu'il s'agit d'un enlèvement, mais aussi parce qu'ils ne semblent pas soumis au temps et à la nécessité qui gouvernent et qui empoisonnent toute entreprise humaine. Le couple, sans doute une idéalisation du poète et de la fiancée, s'apparente aux idéals évoqués successivement dans III et IV et indirectement à la légende de ces autres amants hors la loi, Tristan et Iseut.

Après un bref délai, la rêverie reprend avec des images dont le condensé et le rayonnement sont remarquables:

> O clair de Lune,
> Noce de feux de Bengale noyant mon infortune,
> Les ombres des peupliers de la route, . . .
> Le gave qui s'écoute, . . .
> Qui s'écoute chanter, . . .
> Dans ces inondations du fleuve du Léthé, . . .

Dans cette rêverie, les images de la lune, du feu et de l'eau sont unies en un ensemble cohérent à multiples résonances. Il s'agit évidemment d'un moment d'extase où les rapports normaux entre le moi et le non-moi semblent abolis, moments qui sont caractérisés par le sentiment à la fois d'une unité intérieure et d'une union entre soi et le monde du dehors, pareille à ce que Rousseau a décrit dans la Seconde Promenade. L'union, dont il est question, a une connotation sexuelle avec "noce" et avec "feux de Bengale," qui, comme dans Le Mystère des trois cors, n'indiquent pas seulement le jeu de lumière de la lune, mais aussi la passion. Le drame de la passion qui s'éteint avec le soleil couchant (cf. I et II) s'oppose ici au calme qu'apporte ce moment d'extase au clair de la lune, symbole de pureté et de chasteté, qui n'a rien à voir avec ces autres "noces de sexes livrés à la grosse." Le vocabulaire—noce, feux de Bengale, noyer—reste le même, mais la valeur en est entièrement différente. Ce qui est intéressant, c'est le rapport curieux qu'a cette expérience avec la mort, car le feu, qui noie son infortune, s'associe immédiatement au "gave qui s'écoute" et qui à son tour appelle "ces inondations du fleuve du Léthé," fleuve de la mort et de l'oubli. Dans cette rêverie c'est donc l'extase sans la peine, la noce sans la grossièreté, la mort sans le déchirement. L'extase "sexuelle" a la chasteté des clairs de lune, l'infortune du présent odieux se trouve engloutie dans l'éternité du Léthé et de l'oubli. C'est un moment véritablement hors du temps et où l'instant est aboli et absorbé dans l'éternité et l'éternité dans l'instant.

Le regard du poète se lève encore une fois vers les étoiles, "O Etoiles, vous êtes à faire peur, / Vous y êtes toutes! toutes!" (qui rappelle les vers "Les étoiles sont plus nombreuses que le sable / Des mers où d'autres ont vu se baigner son corps"). A ce moment le poète comprend ("O fugacité de cette heure") que son extase qui semblait en dehors du temps n'en est pas moins sujette à lui, et il s'efforce de trouver le moyen de s'en "garder l'âme pour automne qui vient," c'est-à-dire d'en trouver l'expression poétique, réalisation de l'art qu'il avait rêvée dans *Simple Agonie* et qui semble "défier sa plume," art dont la note estivale serait entièrement différente de celle, monotone, du moment unique de *L'Hiver qui vient* et qu'il essaie de reproduire tous les ans.

Le poète semble alors chercher, à la manière de Proust, la solution de ses problèmes métaphysiques et sentimentaux dans le culte des moments parfaits, créés par le souvenir et le rêve, et rendus éternels par l'art. Alors la lune s'opposerait au soleil couchant, juillet à l'hiver, le mouvement à l'immobilité, le rêve au réel, la magie à l'angoisse, l'art à la vie.

Mais la rêverie s'efface et la réalité revient, toujours décrite avec le même vocabulaire, mais dépourvue de sa sorcellerie. La fiancée, qu'on ne peut plus distinguer du Petit Chaperon Rouge, court peut-être le long des forêts, dont la fraîcheur est devenue nocive, "Noyer son infortune / Dans les noces du clair de lune." Et cette vision éveille de nouveau les sentiments de regret, de jalousie, de pitié et de culpabilité que l'extase avait momenta- nément noyés. Alors les mêmes questions reviennent "Ah! que ne suis-je tombé à tes genoux! / Ah! que n'as-tu défailli à mes genoux!" A la fin le poète écarte le problème sans issue avec ironie: "J'eusse été le modèle des époux! Comme le frou-frou de ta robe est le modèle des frou-frou." Il revient donc à son point de départ avec toujours la même question aux lèvres.

Dans *Légende* le poète se donne ironiquement pour devise un "Armorial d'anémie," reprenant le thème de l'automne de III et celui du soleil saigné à mort, et développant ironiquement le parallèle entre la religion et la passion. Le "Psautier d'automne" va de pair avec "Offertoire de tout mon ciboire de bonheur et de génie / A cette hostie si féminine" de la fiancée, laquelle revient avec sa toux et sertie en des toilettes, non plus luxueuses comme le "frou-frou" de VII nous les avait fait supposer, mais "cendreuses et sentant l'hiver," symboles d'une passion morte. Menacée par le temps et l'infini, seule, la fiancée semble "se fuir le long des cris surhumains de la Mer," laquelle avec sa majus- cule est devenue une mer purement symbolique.

Le reste du poème est essentiellement un dialogue entre la fiancée et le poète jaloux concernant un rival qu'il qualifie d' "économique et passager bellâtre." Sa méfiance est d'autant plus grande qu'il constate le décalage entre le regard innocent de la fiancée ("les yeux d'une âme qui s'est bel et bien cloîtrée") et ses "lèvres déflorées . . . Apres encore à la curée." Son ironie porte sur le banal romantisme digne d'une Madame Bovary avec lequel elle décrit son évasion avec celui qui "vint le premier; j'étais seule près de l'âtre; / Son cheval attaché à la grille / Hen- nissait en désespéré." Suivent, en guise d'adieux, encore une référence au soleil mourant et une évocation des casinos qu'on ferme, symboles du déchaînement de la sensualité que le poète associe à l'été. Par exemple, dans la *Complainte d'un certain dimanche* l'homme et la femme sont des "fous dont au casino battent les talons," et dans *Complainte de l'orgue de barbarie*, il

y a une série d'images juxtaposées apparemment au hasard, mais
qui sont en réalité liées par le thème de l'automne:

> Gaz, haillons d'affiches,
> Feu les casinos,
> Cercueils des pianos,
> Ah! mortels postiches.

Sentant qu'il est sur le point de faiblir et de s'apitoyer sur
elle, le poète invite, dans des vers qui rappellent le "on s'endur-
cira chacun pour soi" de *Solo de Lune*, les caillots de souvenir
à durcir, pour qu'il ne sente plus couler le sang de la blessure de
ses regrets.

> —Allons, les poteaux télégraphiques
> Dans les grisailles de l'exil
> Vous serviront de pleureuses de funérailles.

Laforgue a changé "files d'ifs" de la version originale dans *Des
Fleurs de bonne volonté* pour "poteaux télégraphiques" pour
souligner la parenté avec les "fils télégraphiques" de *L'Hiver qui
vient*, auquel ce poème renvoie consciemment. Il rejette donc
brutalement la fiancée, déclarant qu'on "n'aime qu'une fois,"
fier de sa résolution et de ce que "l'on compte enfin avec Moi,"
vers qui rappelle ironiquement le passage dans III où il exprime
ses doutes concernant la réalité de son moi et son identité.
Ayant congédié la fiancée et la fâcheuse réalité, le poète peut
faire de son amour, qui n'appartient plus qu'au passé, une
légende où il n'y a plus d'automne ni d'exil, mais seulement la
douceur de l'âge d'or. Dans une telle légende la fiancée peu
chaste, cette "vieillissante pécheresse," devient une sorte d'Antigone, personnification de l'innocence et de la pureté. C'est
alors que le titre et les premiers vers de la pièce revêtent leur
pleine signification. Le poète ne trouve plus d'obstacle à unir le
thème de l'amour et de la religion, car la légende sera inscrite
dans le "Psautier d'automne," avec, comme dans les livres pieux
du moyen âge, "Les bêtes de la terre et les oiseaux du ciel / En-
guirlandant les majuscules d'un Missel." Dans ces légendes, d'où
l'infortune du présent est bannie, l'homme, la femme et la création vivent dans le paradis d'avant la chute. Le rapport avec les

autres pièces des *Derniers Vers* est clair; puisque l'idéal n'est pas possible dans la réalité vécue du présent, il faut le créer au passé, en rompant avec le présent, et avec l'aide du temps et de l'oubli qui lui donneront comme une frange de rêve et d'irréel. Mais l'ironie du poète rejette le rôle de celui qui eût "été dans tout l'art des Adams / Des Edens aussi hyperboliquement fidèle / Que l'est le Soleil chaque soir envers l'Occident." L'ironie ici est multiple; elle joue d'abord (comme l'a très bien montré M. Collie dans son édition des *Derniers Vers*) sur "hyperboliquement," ensuite sur l'évocation du couple édénique qui rappelle III, sur la description fantaisiste du poète "pétri du plus pur limon de Cybèle," et enfin sur la comparaison du poète avec le soleil du soir, lequel dans le contexte des *Derniers Vers* n'a rien de réconfortant ou d'optimiste. L'ironie convient à la solution. La fantaisie est un remède des plus décevants et illusoires, n'ayant aucun rapport avec la réalité ou la vérité. Le poème marque donc un déclin par rapport à *Solo de Lune* avec sa tentative de trouver une solution dans les moments parfaits et dans l'art, qui du moins n'ont rien de mensonger.

Quittant le passé légendaire le poète revient dans IX au présent, disant son désir d'un vrai rapport avec une femme, qui viendrait à lui de son propre chef;

> Oh! qu'une, d'Elle-même, un beau soir, sût venir
> Ne voyant plus que boire à mes lèvres, ou mourir! . . .

—vers qui renvoient à la *Complainte de Lord Pierrot* et plus particulièrement au passage dans *Solo de Lune* où il se plaint que "Voulant trop tomber *ensemble* à genoux," ni lui, ni elle, n'ait voulu faire "le premier pas." Abandonnant l'idéal de l'égalité entre les sexes, il veut que la fiancée future, ne faisant aucun cas de la modestie, éprise d'une passion "mortelle," prenne l'initiative d'une déclaration. Ce serait alors comme un "baptême de [sa] Raison d'être" qui lui donnerait la certitude de son identité et de son *moi*. IX présente dans ses premiers vers un contraste avec III *Dimanches*; car c'est la fiancée qui aurait la conviction et la force de dire un "Je t'aime," n'étant

pas sujette aux éternelles hésitations du poète qui, sur le point
de faire sa déclaration, s'était avisé que "je ne me possédais pas
bien moi-même." La déclaration de la femme viendrait "à
travers les hommes et les Dieux" avec le prestige de la nécessité
ou d'une destinée. Ainsi l'orage et la tempête destructeurs, symboles dans les autres poèmes du désespoir et du "blocus sentimental," prennent ici ironiquement les allures des perturbations
météorologiques qui précèdent les grands événements de l'Histoire, comme la naissance des grands hommes. L'orage devient
signe de miracle. Le couple sera attiré l'un vers l'autre "comme
à l'aimant la foudre," expression qui rappelle *Le Miracle des
Roses* des *Moralités légendaires* où le jeune homme, *alter ego* du
poète et moins "viril" que sa fiancée, ne réussit pas à attirer son
"inconnue comme l'aimant attire la foudre."

La jeune fille rêvée de IX fait contraste aussi avec les vierges
de *Pétition*. Elle viendra "Baissant les yeux," comme dans ce
poème non parce qu'elle joue le rôle de la fausse prude ou de la
fausse innocente qui risque de "choir en syncope," mais par un
vrai dévouement qui n'exclut pas la passion. Elle viendrait chas-
tement à l'amour physique, ou du moins s'étant lavée de ses
péchés anciens—c'est l'interprétation que nous avançons des vers
qui renvoient à la "Grand Messe" de IV: "Et s'essuyant les pieds
/ Au seuil de notre église."

L'ironie quelque peu voilée du poème devient, avec le discours même de la femme, des plus grinçantes, si grand est le
décalage entre la promesse d'une part et les propos banals et la
cacophonie prosodique de l'autre:

Ta bouche me fait baisser les yeux
Et ton port me transporte
Et je m'en découvre des trésors!
Et je sais parfaitement que ma destinée se borne
(Oh, j'y suis déjà bien habituée!)
A te suivre jusqu'à ce que tu te retournes,
Et alors t'exprimer comment tu es!

Vraiment je ne songe pas au reste; j'attendrai
Dans l'attendrissement de ma vie faite exprès.

Que je te dise seulement que depuis des nuits je pleure,
Et que mes sœurs ont bien peur que je n'en meure.

Les rimes et assonances maladroites—port, transporte, trésors;
attendrai, attendrissement, vraiment, vie faite exprès; depuis
des nuits; peur, sœur, meure, pleure—conviennent parfaitement
à l'idée ridicule qu'elle a de son rôle d'Eurydice. Cette banalisa-
tion du mythe d'Orphée atteint son comble dans le jeu de mots
grivois dans "t'exprimer comment tu es." La jeune demoiselle
"à l'ivoirin paroissien" de III est pareille à celle qui maintenant
a "tant pleuré dimanche dans mon paroissien," avec cette différence que celle-ci se révèle plus que jamais l'instrument de l'Inconscient, parlant de l'amour seulement en clichés, esclave de
l'illusion des amours exclusives, illusion que perce de part en
part l'air mortellement moqueur du poète.

La pièce entière est un commentaire ironique sur l'amour
romantique et sur l'idée que les amoureux sont destinés l'un à
l'autre, sur celle d'un salut par l'amour et sur l'idée qu'on peut
mourir d'amour. Elle a par conséquent des rapports, que ce soit
au niveau des thèmes ou par les échos du vocabulaire, avec
presque tous les poèmes des *Derniers Vers*. Mais l'ironie la plus
mordante porte à la fin du poème sur la figure de la fiancée qui
"viendrait, évadée, demi-morte, / Se rouler sur le paillasson que
j'ai à cet effet devant ma porte." L'épithète "évadée" rappelle
l'évasion que la fiancée aurait faite avec l'économique bellâtre
de *Légende*. Le retour de la fiancée serait donc pour le poète
une sorte de revanche. Mais pour être digne de lui, il lui faudra
non seulement s'essuyer les pieds, mais se rouler sur le paillasson,
afin de se purifier de ses infidélités et de la boue des chemins.

Dans la version de *La Vogue* les pièces IX et X forment un
poème avec une épigraphe de Pétrarque, "Arrêtons-nous,
Amour, contemplons notre gloire." Le vers—"Oh alités du
coup"—qui liait les deux poèmes et que le MS Doucet a supprimé, nous donne le contexte du premier passage de X et de
l'extrême violence de son vocabulaire sexuel. Il convient de citer
dans son entier ce passage difficile, qui s'est prêté à des inter-
prétations diverses, T.S. Eliot le voyant comme un exemple
moderne de l'écriture métaphysique et Martin Turnell comme
une série d'images de compression et de décompression:

O géraniums diaphanes, guerroyeurs sortilèges,
Sacrilèges monomanes!
Emballages, dévergondages, douches! O pressoirs
Des vendanges des grands soirs!
Layettes aux abois,
Thyrses au fond des bois!
Transfusions, représailles,
Relevailles, compresses et l'éternelle potion,
Angelus! n'en pouvoir plus
De débâcles nuptiales! de débâcles nuptiales! . . .

On ne voudrait pas sous-estimer les difficultés exégétiques du passage, mais vues dans l'ensemble des *Derniers Vers* et avec une connaissance du vocabulaire privé de Laforgue, elles diminuent considérablement. Les géraniums sont sans doute un symbole de l'organe sexuel de la femme. Laforgue emploie assez souvent l'euphémisme courant de la fleur pour cette partie de l'anatomie féminine, et nous avons déjà vu que le lys est chez lui parfois symbole de la chasteté. Par contraste avec le lys, le rouge géranium, comme la rose ouverte, serait donc symbole de la sexualité ou d'une *défloration*. Dans *L'Imitation* nous lisons des Pierrots que leur "bouche clownesque ensorcèle / Comme un singulier géranium," et il y a là, pour les esprits aventureux du moins, la possibilité d'une parenté. Il est tout aussi malaisé de savoir pourquoi ils seraient "diaphanes." Dans la *Complainte de l'ange incurable* "diaphane" est associé avec l'amour—le Chevalier-Errant est "Diaphane d'amour." C'est-à-dire qu'il n'arrive pas à cacher ses sentiments qui sautent aux yeux, ou que l'amour l'a rendu maigre ou "diaphane" comme un spectre. Dans le contexte présent "diaphane" s'emploie sans doute comme un euphémisme pour l'hymen ou pour désigner la nature délicate des géraniums.

La violence de l'acte sexuel s'exprime dans les termes "guerroyeurs," "sacrilèges," "dévergondages," "débâcles." "Sortilèges" est une périphrase pour le charme de l'amour, comme dans la *Complainte du vent qui s'ennuie la nuit*. Le mélange du vocabulaire religieux et amoureux est une caractéristique que nous avons remarquée, non seulement dans *Derniers Vers*, mais partout dans la poésie de Laforgue. Il explique dans le contexte présent les "sacrilèges" que commettent dans leur passion, dé-

pourvue de spiritualité, les amoureux "monomanes," comme
ceux de III *Dimanches*, destinés à "S'entrevoir avant que les
tissus se fanent / En monomanes, en reclus." "Douches" désignent sans doute l'aspect hygiénique de l'affaire ou bien un
moyen de contraception, tandis que "pressoirs / Des vendanges
des grands soirs" renvoient aux "vendanges" de *L'Hiver qui
vient*, et à la manière désinvolte et ironique dont le poète parle
dans IV *Dimanches* de la première nuit du mariage. Les "Layettes aux abois" symbolisent la pureté et l'innocence (cf. III)
qu'on chasse jusqu'à la mort, comme dans I et II. Avec "Thyrses au fond des bois" le poète se moque des euphémismes qui
revêtent la sexualité des images périmées de la mythologie
grecque. "Transfusions" sont évidemment l'orgasme, tandis que
"représailles" renvoient d'abord aux "guerroyeurs sortilèges" et
ensuite à IV *Dimanches* avec son "grand vent et toute sa séquelle
/ De représailles! et de musiques." Il se peut aussi que la naissance d'un enfant, sous-entendue dans "layettes" et dans "relevailles," se conçoive comme une sorte de châtiment. La mention
de l'Angelus est des plus ironiques, car il est, chacun le sait, une
prière en l'honneur de l'incarnation marquant un moment de
repos au milieu du travail.

Alors le ton du poème change et le poète rêve d'une intimité
heureuse de tous les jours avec la fiancée "quotidienne / Dans
mon petit intérieur." Cette intimité s'oppose à la solitude claus-
trophobique de III *Dimanches*. Mais cette vision se voit menacée
par les exigences du génie poétique et par les autres maux auxquels il est sujet—"Oh du génie, / Improvisations aux insom-
nies."

Puisque le temps et l'habitude salissent tout, il envisage un
compromis par lequel le couple se quitterait et reviendrait l'un
à l'autre à leur gré. Chaque nouvelle réunion serait ainsi enrichie
et rendue "légendaire" par le charme de l'absence. Alors le rêve
de *Solo de Lune* et de *Légende* pourrait, ne serait-ce que pour
un temps limité, se réaliser dans le présent de la vie de tous les
jours.

Mais avec cet étrange mariage le poète ne serait plus libre de
jouer ses divers rôles, celui du voyageur sujet à l'hypocondrie et
à la pluie, celui qui, pareil au soleil de *L'Hiver qui vient* qui se

meurt "sans personne," tandis que les cors font les fous, se fait "Le fou sans feux ni lieux / (Le pauvre, pauvre fou sans amours!)" ou celui de l' "Ange à part," de l'inadapté par le culte de l'art et de la littérature. Cet "Ange à part" fait penser à la *Complainte de l'ange incurable*. Le fou rappelle Pierrot et, peut-être même, cet autre paria sans feu ni lieu qu'est le Roi Lear.

Le poète se plaint ensuite de ses éternelles hésitations à s'engager. Il aura passé sa vie "A faillir [s'] embarquer" à cause de son cœur "fou de la gloire d'amour," c'est-à-dire de son cœur épris d'idéal de l'amour sublime dont parle Pétrarque. Sa vie sentimentale est faite de voyages vers le bonheur qu'il n'effectue pas, de départs qui sont des fuites loin du même bonheur avec la promesse d'un retour, qui n'accomplira rien:

> Oh, qu'ils sont pittoresques les trains manqués! . . .
>
> Oh, qu'ils sont "A bientôt! à bientôt!"
> Les bateaux
> Du bout de la jetée! . . .
>
> De la jetée bien charpentée
> Contre la mer,
> Comme ma chair
> Contre l'amour.

La jetée symbolise l'artificiel dressé contre le chaos du naturel. Elle ne sert pas de tremplin pour de nouvelles expériences, mais plutôt d'une sorte de protection contre le désordre représenté par la mer et l'amour.

A la fin de X la boucle est presque bouclée, et le poète se rend compte qu'il ne fait que tourner en rond. Il n'y a plus d'évasion possible que ce soit dans la légende, dans le rêve ou dans l'art, et il se trouve condamné à la solitude, à l'exil et à une liberté qui ne lui offrent aucune plénitude, que ce soit de la pensée ou des émotions. Si d'une part il y a une certaine mollesse dans les images de départs manqués et les promesses de retour, la jetée n'en reste pas moins "bien charpentée," signifiant la rupture qui semble totale entre l'esprit et la chair, l'idéal et le réel, le conscient et l'inconscient.

Dans ces conditions le titre *Sur une défunte* n'a rien pour nous étonner, car l'amour ne semble guère viable. En effet le poète ne fait ici que revenir sur le thème de l'Inconscient dans l'amour et sur la jalousie, qu'il avait esquissés dans *Solo de Lune* et *Légende*. La fiancée ne veut pas faire le premier pas "Pour que nous tombions ensemble à genoux," et, de toute façon, elle aurait aimé exclusivement n'importe lequel des "nobles A, B, C ou D." Le poète imagine la fiancée avec l'autre, qui ressemble à "l'économique bellâtre" de *Légende*, et le discours de la fiancée ressemble par son contenu, sinon par la forme et le ton, à celui que le poète veut dans IX qu'elle lui adresse. Pourtant, entre ce poème et les précédents il y a une différence capitale. Tandis que dans ces derniers la jalousie du poète semble s'expliquer par une affaire avec un autre qui a réellement existé, dans XI la jalousie n'a apparemment aucun fondement dans la réalité. Le poète voit les "nobles A, B, C ou D" qu'elle *eût* aimés uniquement. Il est donc évident que ses objections portent moins sur la qualité de l'amour de la fiancée que sur celle de l'amour en général. L'amour n'est qu'une illusion, puisqu'on aime par besoin d'aimer et non pour les vertus réelles du partenaire.

Pendant la scène d'amour qu'il imagine entre le rival imaginaire et la fiancée, il se rêve "dehors / A errer avec elle au cœur." Et cet "exil" conduit sa pensée vers un autre exil, celui du poète-paria à la fois dans la société et dans la création:

> Et je ne serais qu'un pis-aller,
> Comme l'est mon jour dans le Temps,
> Comme l'est ma place dans l'Espace;
> Et l'on ne voudrait pas que je m'accommodasse
> De ce sort vraiment dégoûtant! . . .

Avec un vocabulaire et un ton différents, le poète revient au même décalage entre la chair et l'esprit, symbolisé par la jetée dans X. Il est en exil parce qu'il ne veut pas s'accommoder "De ce sort vraiment dégoûtant" qui est la loi de l'Inconscient. Il est en exil puisque l'absolu, que ce soit de l'amour ou d'autre chose, n'existe pas. Il refuse tout compromis et semble accepter la solitude et l'abandon:

Non, non! pour Elle, tout ou rien!
Et je m'en irai donc comme un fou,
A travers l'automne qui vient,
Dans le grand vent où il y a tout!

Il revient alors aux images de l'hiver, avec le grand vent et le
"cœur tout transi / Et sans amour et sans personne" comme le
soleil mort. "Tout est endurci et sans merci," l'amour est mort,
les souvenirs ne peuvent plus l'émouvoir, la blessure s'est fermée,
les "caillots de souvenir" de *Légende* ont durci. Pourtant malgré l'ironie cruelle des deux derniers vers ("Et, si je t'avais aimée
ainsi, / Tu l'aurais trouvée trop bien bonne! Merci!"), il y a pour
la fiancée qui est "bien loin" et qui pleure, tandis que "Le grand
vent se lamente aussi," une nuance de pitié qui laisse deviner la
possibilité d'un compromis.

Le début de XII continue sur le même ton avec des images
empruntées à *L'Hiver qui vient*, "Noire bise, averse glapissante,
/ Et fleuve noir, et maisons closes." Il y a même une évocation
rapide des "quartiers sinistres comme des Morgues" qui rappellent les cheminées d'usines et les faubourgs du poème liminaire.
Il introduit la figure de l'Attardé, *alter ego* du poète comme
l'ours polaire de IV, et qui rappelle celui de *Simple Agonie* qui
"prit froid l'autre automne / S'étant attardé vers les peines des
cors" et qui, mal-adapté, "vint trop tôt." Cherchant toujours et
trop tard le "baptême de sa Raison d'être," il crie ironiquement
à l'averse, symbole de sa solitude et de son désespoir, d'arroser
son "cœur si brûlant, sa chair si intéressante!" Mais son attention se porte aussi sur la solitude de la fiancée abandonnée, qui
est peut-être "dehors par ce vilain temps," rentrant comme dans
Solo de Lune d' "histoires trop humaines," Petit Chaperon
Rouge qui a perdu son innocence. C'est à elle que pense l'Attardé avec son fardeau de la "souillure des innocentes qui
traînent." Avec "Soigne-toi, soigne-toi! pauvre cœur aux abois"
nous avons un écho lointain de la "petite toux sèche maligne"
de *Légende* et une répétition de "soigne-toi je t'en conjure! /
Oh! je ne veux plus entendre cette toux!" de *Solo de Lune*. Ce
vers renvoie aussi directement aux images de la chasse. En effet

tout le passage est un faisceaux d'images, de thèmes et d'allusions rappelant presque toutes les pièces des *Derniers Vers*.

Pour en finir avec ses craintes et ses remords le poète-Hamlet
congédie la fiancée-Ophélie dans un couvent où elle pourra
rester à l'abri de la souillure d'histoires "trop humaines." La
présence discrète et voilée d'Ophélie prête un accent poignant à
la notion de la folie qui accompagne l'amour dans *Derniers
Vers*, si bien que des expressions essentiellement banales telles
que "s'aimer à la folie," "fou d'amour" ne sont pas autant de
clichés, mais reviennent chaque fois chargées de résonances
littéraires, désignant une attitude des plus nuancées et des plus
ambiguës. Après la brève évocation d'un couvent, sans doute à
Tarbes où le poète avait passé sa jeunesse, il semble vouloir
vouer la fiancée à une vie chaste, car, dans des paroles qui reprennent avec ironie celles que la fiancée lui adresse dans IX, il
lui dit "tu n'es pas comme les autres," qui dans leur obsession
de la sexualité restent "Crispées aux rideaux de leur fenêtre /
Devant le soleil couchant qui dans son sang se vautre." Elle sera
toujours trop jeune et innocente pour ces "vilains jeux," et il lui
conseille de ne pas écouter les "grandes pitiés du mois de novembre," les remords et les *représailles*, et le destin qui dit "Qu'il
faut être deux au coin du feu." Le désespoir et la résignation du
poète semblent sans retour—"La nuit est à jamais noire, / Le
vent est grandement triste." "La vie est une étourdissante foire,"
vers qui nous rappelle que l'amour absolu est "un carrefour sans
fontaine," rendu plus désolant encore par la proximité "d'étourdissantes fêtes foraines." "Toutes sont créature": c'est-à-dire
que la femme agit toujours en fonction de sa nature terrestre,
dénuée de spiritualité. "Tout est routine" soumis à la loi de
l'Inconscient. Tout est mortel.

Mais avec un sursaut d'énergie auquel on ne s'attendait pas et
dans des vers calqués directement sur *Un Voyage à Cythère* où
Baudelaire demande au Seigneur de lui donner "la force et le
courage / De contempler mon cœur et mon corps sans dégoût,"
le poète demande à la Nature la force et la maturité d'accepter
devant la mort inévitable un compromis qui lui permettra de
vivre :

Eh bien, pour aimer ce qu'il y a d'histoires
Derrière ces beaux yeux d'orpheline héroïne,
O Nature, donne-moi la force et le courage
De me croire en âge,
O Nature, relève-moi le front!
Puisque, tôt ou tard, nous mourrons . . .

Par contraste avec *Les Complaintes, L'Imitation* et la plupart des autres poèmes des *Derniers Vers*, le poète abandonne son masque, que ce soit celui du paria, de l'Attardé ou de Hamlet, qui avec ses infinies hésitations les résume tous. Il se dégage ainsi de l'impasse de sa vie, brisant le "blocus sentimental" et sortant de l'invivable claustrophobie de la solitude. Ce faisant, la prière à la Nature l'implique, il se mettra un peu plus du côté de ces forces inconscientes qui l'attirent et le rebutent en même temps. Sa situation de paria est rendue ainsi moins aiguë par cette acceptation des limites de sa condition.

Les *Derniers Vers* sont le chef-d'œuvre poétique de Laforgue, non seulement à cause de leur étonnante originalité technique et de leurs images et rythmes qui reviennent d'une pièce à l'autre chargés d'échos et de résonances, mais aussi parce que les attitudes, les sensations et les pensées, ambiguës et souvent contradictoires, de même que les divers tons—ironique, violent, tragique, fantasque, grivois, comique—sont fondus en un tout cohérent, représentant une synthèse, si modeste qu'elle soit, de l'expérience sentimentale et même métaphysique du poète. Les synthèses de Baudelaire et d'Eliot sont d'une bien autre envergure. Les *Derniers Vers* sont la synthèse toute personnelle et "éphémère" d'un Chancelier de l'Analyse à qui manque la foi, et qui n'a plus guère d'espoir dans la vie, dans l'amour ou dans la pensée.

NOTES

1. F. Ruchon, *Jules Laforgue, sa vie, son œuvre* (Genève: Ciana, 1924), p. 48.

2. P. 65. Cf. Virgile, *Enéide*, VI, 242: (unde locum Grai dixerunt nomine Aornon).

3. Voir p. 31: "Voyons; les cercles du Cercle, en effets et causes, / Dans leurs incessants vortex de métamorphoses, / Sentent pourtant, abstrait, ou, ma foi, quelque part, / Battre un cœur! un cœur simple; ou veiller un Regard!"

4. Voir "Les Soleils, défaillant d'amour" dans *Devant la grande rosace en vitrail, à Notre-Dame de Paris.*

5. P. 55. Cf. Verlaine, *Les Ingénus* et *Colombine (Fêtes galantes)*.

6. Ponsard, *Lucrèce*, I.i: "Elle vécut chez elle, et fila de la laine."

LAFORGUE ET BAUDELAIRE

Entre le poète des *Fleurs du mal* et celui de *Des Fleurs de bonne volonté* les différences de tempérament et d'esthétique semblent d'abord si grandes qu'on serait tenté de rejeter toute idée d'un rapport ou d'une affinité. En effet le titre faussement baudelairien du recueil que Laforgue devait abandonner en faveur des *Derniers Vers* indique déjà avec suffisamment de clarté que nous n'y trouverons rien de ce sérieux qui caractérise l'œuvre de Baudelaire, pour qui la poésie ne doit pas aboutir à un recueil de poèmes séparés, mais représenter une aventure spirituelle. Fidèles à la célèbre et pénétrante définition selon Bourget du style décadent, qui est "celui où l'unité du livre se décompose pour laisser la place à l'indépendance de la page, où la page se décompose pour laisser la place à l'indépendance de la phrase, et la phrase pour laisser la place à l'indépendance du mot,"[1] *Des Fleurs de bonne volonté*, que Laforgue n'a pas publiées, eussent été aussi fragmentées que *Les Complaintes*. Laforgue ne vise à aucune synthèse. Au contraire il semble partir du principe que dans le monde moderne les synthèses ne sont plus guère possibles.

Le titre laforguien (le partitif indiquant son intention de ne pas épuiser le sujet) en suggère assez le contenu et le ton. Il promet la pirouette, la désinvolture, l'insouciance à la fois désabusée et ironique, mais avant tout il indique un esprit qui a rejeté toute notion de la chute ou du péché originel. Le mal cède la place à la bonne volonté. Malgré une influence chrétienne très marquée sur son vocabulaire et particulièrement sur les premiers poèmes du *Sanglot de la terre*, il n'y a chez lui aucune trace du sentiment de la faute ou de la culpabilité, ou même d'une imperfection morale. Au contraire, le poète et ses nombreux doubles se sentent innocents au point de souffrir d'un excès de liberté et par conséquent d'un sentiment d'irréalité. Il n'y a rien dans cet univers instable où "Le semblable, c'est le contraire" (Pia, p. 84) qui puisse les fixer, tandis que chez Baudelaire, dont parfois l'univers se dissout dans le cauchemar, le sentiment de la faute est une vérité immuable et permanente qui malgré tout le situe dans le monde matériel et moral. Une lettre à Kahn montre Laforgue conscient de cette différence qui le sépare de Baudelaire: "la Bonne Volonté est le héros de mon livre, c'est très absolvant" (*L.A.*, p. 188).

Laforgue n'accepte donc pas la métaphysique chrétienne de Baudelaire et, tout en étant sceptique en ce qui concerne le progrès, semble incapable de comprendre sa préoccupation du péché originel. Il conseille à Kahn de ne pas prendre "cette note du péché et du remords de Baudelaire (si usée par Rollinat)" (ibid., p. 134) et, après avoir critiqué la rhétorique des *Syrtes* de Moréas, il déclare:

Puis dans un volume où l'on fait la roue avec le non-être, on ne va pas faisant le cafard en parlant du *péché* . . . (Oh! ce péché, il y en a un peu dans Baudelaire, mais ça crible le Rollinat et ça a heureusement épargné Verlaine). (*L.A.*, p. 91)

Et même en janvier 1881 en pleine "crise de re-amour pour Baudelaire" et tout en exprimant son admiration pour *Au Lecteur*, *Une Charogne*, *Un Voyage à Cythère*, *Les Phares*, *Femmes damnées*, *Danse macabre*, *Tristesses de la lune*, *La Lune offensée* et aussi pour la manière dont Baudelaire a évoqué l'automne, il avoue qu'une partie qu'il n'aime pas du tout c'est *Révolte*, à l'exception d'*Abel et Caïn* (ibid., p. 33). Bien qu'il ne donne aucune justification de son rejet du *Reniement de saint Pierre* et des *Litanies de Satan* (qu'il avait imitées dans *Complainte-Litanies de mon Sacré-Cœur*), nous pouvons supposer qu'il préférait *Abel et Caïn* non seulement à cause de son mètre plus court (l'octosyllabe), mais parce que l'accent y tombait plus nettement sur les valeurs et la justice humaines, et aussi parce que la théologie en est moins ambiguë. Pourtant en 1885, au moment où il préparait son étude sur Baudelaire, il en vient à rejeter *Abel et Caïn* avec *Les Aveugles* et *Le Rêve d'un curieux* qu'il range "parmi les pièces de Baudelaire qui sonnent le plus creux" (v. Notes sur Baudelaire, feuillet 4). Depuis déjà 1882 il avait rejeté la rhétorique et le style déclamatoire de ses "vers philo." en faveur de l'esthétique plus floue de la pirouette, évolution qu'il caractérise d'une manière quelque peu déconcertante:

Après avoir aimé les développements éloquents, puis Coppée, puis la *Justice* de Sully, puis baudelairien: je deviens (comme forme) kahnesque et mallarméen.[2]

Imbu de sa nouvelle théorie, il a sans doute trouvé jusqu'à *Abel et Caïn* trop "philo.," éloquent, pas suffisamment suggestif.

En soulignant ces différences nous ne voulons pas insinuer que Laforgue ne fût pas sensible à l'angoisse, au "vide de tout, de l'amour, de la gloire, de l'art, de la métaphysique" (*O.C.* IV, p. 144). Au contraire, il se définit comme un "pessimiste mystique." Son expérience du spleen et du gouffre est tout aussi poignante que celle de Baudelaire avec cette différence que, comme chez les Naturalistes et les Décadents, elle est plus profondément implantée dans la physiologie et le système nerveux. La personnalité n'est pas chez lui un phénomène psychique pur, mais elle est incarnée dans les cellules et dans les nerfs. De même, comme Baudelaire, il est obsédé par le problème de l'identité—témoin les nombreuses *personae* des *Complaintes* et des *Derniers Vers*. Comme lui il a recours à l'image du tonneau de Danaos pour suggérer le néant intérieur, et sa conscience de l'infini temporel et spatial qui menace toute chose frise l'obsession pathologique. Mais la tension est relâchée chez Laforgue qui reconnaît que tout effort pour dépasser les limites de la condition humaine est folie et qui sait que la perfection du ciel chrétien ou platonique n'est qu'une illusion. Autrement dit, la recherche de l'absolu s'est épuisée, et il ne reste que la nostalgie d'un bonheur à jamais introuvable. Les mythes du platonisme et du christianisme n'ont plus de place ni de sens dans la culture moderne, à moins d'être modernisés sur un mode ironique à la manière des *Moralités légendaires*.

C'est ce nihilisme qui explique le manque dans la poésie de Laforgue de poèmes comportant des images ascensionnelles. Les images de vol suggèrent plutôt la claustration et la souillure, et il n'y a pas pour compenser d'images de vol heureux ou triomphant (v. plus haut, p. 17). Ce qui prédomine chez Laforgue, pour qui l'espace ne semble guère habitable, ce sont des images qui suggèrent l'horizontalité, tandis que le monde de Baudelaire se présente selon le schéma d'une puissante verticalité dont les pôles sont le ciel et l'enfer, Dieu et Satan, le bien et le mal, l'azur et le gouffre. Qu'il se rêve au faîte d'une élévation ou écrasé par le poids de la matière, Baudelaire garde toujours le sens intime et aigu de son *être-là*. En comparaison Laforgue est un être désancré et incertain, perdu dans un espace où son cœur "meurt / Sans traces" (Pia, p. 210) et où les rapports entre les êtres et les choses sont trop instables pour donner le sentiment d'une réalité quelle qu'elle soit.

C'est également ce nihilisme qui explique la différence entre les idées esthétiques des deux poètes. Pour Baudelaire le beau a un caractère double. Il n'est pas seulement le bizarre, l'intense et le moderne; il a aussi un élément absolu qui ne change pas. Et c'est précisément cet élément qui a disparu de l'esthétique de Laforgue qui déclare tous les claviers légitimes (*M.P.*, p. 141), et qui affirme que l'élément le plus important dans l'art, c'est l'éphémère. En un mot, le beau se voit remplacé par l'intéressant et l'actuel.[3] Tout en partageant avec Baudelaire la conviction que l'art doit être l'expression d'une expérience profondément et intensément vécue—"Pour moi, humain, créature incomplète et éphémère, un impassible ravagé comme Leconte de Lisle, un corrompu nostalgique se débattant dans le fini, est plus intéressant—est plus mon frère—que Tiberge et tous les Desgenais" (*M.P.*, p. 152)—Laforgue écarte de sa poésie toute idée d'une norme ou d'un absolu de sorte qu'il semble à la fois plus moderne que Baudelaire et, inévitablement, plus superficiel.[4]

Une autre différence fondamentale entre les deux poètes relève de leur humour et de leur ironie. Chez Baudelaire l'humour et le comique relèvent du sentiment du péché originel, de la conscience d'une situation inférieure par rapport à une perfection que les hommes ne peuvent atteindre. Le rire serait donc une manière d'exprimer le gouffre qui s'ouvre entre le réel et l'idéal, entre le péché et la perfection. Chez Laforgue par contre l'humour, quand il ne ressort pas d'un repliement de la pensée analytique créant une distance paralysante entre le moi qui voudrait agir et celui qui reste spectateur, se base plutôt sur ce que les existentialistes ont baptisé l'absurde, c'est-à-dire sur la conscience d'une rupture entre l'ordre de l'esprit et celui du monde. La désinvolture, le manque d'à-propos, les pirouettes absurdes et inattendues, les soubresauts insensés de la conscience sont chez le Pierrot laforguien autant de façons de se mettre au diapason de l'irrationnel qui est au cœur de tout. D'où, là encore, ce sentiment d'irréalité et de liberté dans un univers où tout—hommes et choses—tourne à vide selon la seule loi du hasard. Si les saltimbanques, les fous et les Fancioulle de Baudelaire ont plus de réalité que le Pierrot laforguien, ce n'est pas seulement parce qu'ils sont plus profondément situés dans un milieu social—l'artiste en raté, incompris d'un public qui l'abandonne—mais aussi parce qu'il leur est toujours permis malgré l'incertitude concernant la validité de l'art de continuer de chercher et d'aspirer, même au bord du gouffre.

Quoique conscient de ces différences Laforgue n'a jamais dérogé à son enthousiasme premier pour l'œuvre de Baudelaire. Nous lisons dans une lettre à Kahn qu'au milieu de sa crise de re-amour, comme je ne sais quel des Esseintes appauvri, il a relié son exemplaire des *Fleurs du mal* "dans une doublure funèbre de viel habit" et qu'il l'emporte partout (*L.A.*, p. 33). Il encourage Mme Mültzer, dite Sandâ-Mahâli, à lire Baudelaire en plus de Cros et Bourget (*O.C.* IV, p. 102), et dans une lettre de 1881 à Charles Henry il montre son admiration pour *Rêve parisien, Les Deux Bonnes Sœurs, Chant d'Automne, Le Balcon* et *Franciscae meae laudes* (ibid., p. 76), appréciant ce dernier en bon décadent et croyant avec Baudelaire et plus tard Huysmans que la langue de la décadence latine, que ce poème imite dans le mètre du *Dies irae*, est "singulièrement propre à exprimer la passion telle que l'a comprise et sentie le monde poétique moderne" (*O.C.* I, p. 940 [Baudelaire]). Il caresse même l'idée de faire une gravure d'un dessin qu'il avait fait de *L'Amour et le crâne* (*O.C.* IV, p. 75), ignorant peut-être que le poème avait été inspiré par l'œuvre de Goltzius. De toute façon il ne reste aucune trace de ce projet. Même en 1885 quand il travaille à son étude sur Baudelaire et à un moment où sa sensibilité critique a mûri avec sa technique poétique, son enthousiasme ne semble en rien diminué, et il suggère à Kahn de fonder un dîner Baudelaire avec "Je hais la passion et l'esprit me fait mal" comme exergue en entrée (*L.A.*, p. 76).

Il serait étonnant qu'un tel enthousiasme ne fût pas reflété non seulement dans les thèmes et les idées de sa poésie mais aussi dans leur forme et leur style. Le projet qu'il n'a jamais mené à bien d'écrire un roman sur des lesbiennes (*O.C.* IV, p. 193) doit évidemment beaucoup à Baudelaire, bien que l'idée fût un lieu commun dans l'ambiance enfiévrée de la Décadence et du Naturalisme. Parmi les poèmes posthumes et ceux du *Sanglot* les exemples foisonnent de phrases et de rythmes inspirés par Baudelaire et puisés directement des *Fleurs du mal*. Voici quelques emprunts qu'on peut reconnaître immédiatement: "Car le fouet du désir ne veut pas qu'elle y rêve" (Pia, p. 442); "Ses fils, blêmes, fiévreux, sous le fouet des labeurs" (ibid., p. 335). Ces vers font penser immédiatement à *Recueillement* où le poète exprime son mépris de la multitude qui "sous le fouet du Plaisir" "Va cueillir des remords dans la fête servile." Autres exemples: "La Prostitution met du fard sur sa joue" (ibid., p. 433) qui garde jusqu'au rythme du vers du *Crépuscule du soir*, "la splendeur orientale" (ibid., p. 344) de *Rosace en vitrail* qui est empruntée à *L'Invitation au voyage*, et le "vieillard lubrique" (ibid., p. 332) de *La Première Nuit* qui s'est séparé de ses compagnons dans *Sépulture*. Mme Durry[5] a déjà indiqué les ressemblances de forme et de contenu entre *Guitare* et *Une Charogne*, *Sieste éternelle* et *Harmonie du soir*, *Spleen des nuits de juillet* et *Femmes damnées*, auxquels on pourrait ajouter la *Complainte des Mounis du Mont-Martre* avec ses "trois mil six-cents coups de dents" (Pia, p. 119) et *L'Horloge*, et l'image peu convaincante du vent comparé à une Messaline géante (ibid., p. 438) sur les seins de qui le poète voudrait s'endormir fait penser à la géante des *Fleurs du mal* XIX. Il y a également de nombreux échos de Baudelaire, par exemple dans les cloches qui "Hurlent sur la folle cité" (ibid., p. 321), et dans les rumeurs qui montent de Paris (ibid., p. 356) éveillant le souvenir d'un passé plus heureux. Il serait oiseux de relever tous les spleens, les chloroses, les hôpitaux, et d'essayer de dresser un catalogue de tous les emprunts et échos. Chacun trouvera sans difficulté les siens. Ce qu'il importe de remarquer, c'est que l'influence de Baudelaire prédomine dans les premiers poèmes et qu'elle y est plus répandue que celle de Hugo, Verlaine, Leconte de Lisle, Bourget et Sully. Pendant que le jeune Laforgue s'efforce de trouver sa propre voix, des rythmes, des phrases et des expressions entières du maître font saillie sur un fond généralement baudelairien, de spleen, de décrépitude, de scènes de la capitale et d'évocations du vent et de la pluie d'automne.

Avec *Les Complaintes* auxquelles il avait travaillé depuis 1883 jusqu'au moment de leur publication en 1885, Laforgue change entièrement d'orientation poétique. Dorénavant il rejette consciemment "la rime rimante, tympanisante" (*L.A.*, p. 208) et il évite de plus en plus les larges harmonies de l'alexandrin en faveur de rimes et assonances plus vagues et simples, et de mètres plus courts tels que l'octosyllabe. Il fait même des expériences avec l'hendécasyllabe et avec toutes sortes de strophes et de mètres variés et inédits.[6] De même que dans les *Petits Poèmes en prose* Baudelaire avait cherché une forme capable de donner expression aux désaccords de la vie moderne—c'est-à-dire non seulement aux mouvements lyriques de l'âme mais aussi aux soubresauts de la conscience—de même Laforgue cherche dans la complainte une forme et une rhétorique adaptées à la philosophie pessimiste de l'*à quoi bon*? Il reproche à Kahn de ne pas avoir mieux trouvé que l'alexandrin à rimes alternées pour ses *Palais nomades* dont les pièces "si balbutiées de langue et si infinies de décor" requerraient quelque chose de plus évanescent et de plus délicat. "On y perd," conclut-il, "en insaisissable" (*L.A.*, p. 65). Sa manie du nouveau en matière de forme le rend injuste envers Baudelaire dont il ne semble pas apprécier la technique variée. Dans les notes qui suivent il caractérise le style de Baudelaire comme l'alexandrin à rimes plates "la période du prédicateur," se montrant ainsi trop sensible—momentanément du moins—à ce qui chez Baudelaire relève de l'exposition. Il s'impatiente de plus en plus de ce qu'il prend pour de la médiocrité technique, partageant, mais sans le savoir, les préjugés de Rimbaud qui trouve "mesquine" la forme si vantée, parce que "les inventions d'inconnu réclament des formes nouvelles."[7] En effet rien ne saurait être plus différent des *Fleurs du mal* que *Les Complaintes* avec leurs vers irréguliers, leurs rythmes fracassés, leurs jeux de mots crus, leurs archaïsmes et néologismes osés, leurs airs de chanson populaire et leurs orgues de barbarie. Ce qui subsiste dans *Les Complaintes* et les *Derniers Vers* de la grande influence baudelairienne des années précédentes, ce sont quelques images éparses et quelques échos affaiblis des *Fleurs du mal*. On pense tout de suite aux variations de la grande image du soleil qui "s'est noyé dans son sang qui se fige" (*Harmonie du soir*). Elle se trouve dans la *Complainte de Notre-Dame des Soirs* où le "Soleil qui, saignant son quadrige, / Cabré, s'y crucifige," dans la *Complainte de l'orgue de barbarie* où "le soleil en son sang s'abandonne" et de la façon la plus originale et travaillée dans *L'Hiver qui vient* et *Le Mystère des trois cors*. Et sans doute les fréquents sons de cor dans Laforgue lui viennent de *La Chanson de Roland* et de Vigny par voie des *Phares* de Baudelaire. Dans *L'Hiver qui vient* il y a un rappel du *Chant d'automne* dans les "échos des cognées," et des "vagues de toits" des *Fenêtres* dans l'océan de toitures des faubourgs." Il est possible que dans les deux premiers vers de *Préludes autobiographiques* —

> En voulant mettre un peu d'ordre dans ce tiroir,
> Je me suis perdu par mes grands vingt ans, ce soir —

Laforgue se soit souvenu du "gros meuble à tiroirs encombré de bilans" de *Spleen*. Il est possible aussi que la *Complainte de la bonne défunte* doive quelque chose à *A une passante*, puisqu'elle fixe avec un mélange typiquement laforguien de désinvolture et d'angoisse un rêve mort-né dans un instant qui par son intensité semble exister en dehors du temps. Enfin dans le poème XII des *Derniers Vers* il y a l'allusion ironique au *Voyage à Cythère* qui fournit au poète le compromis qu'il lui faut pour briser le "blocus sentimental":

O Nature, donne-moi la force et le courage
De me croire en âge,
O Nature, relève-moi le front!
Puisque, tôt ou tard, nous mourrons . . .

Ce qui reste de l'influence de Baudelaire chez Laforgue se retrouve chez beaucoup d'autres auteurs contemporains. L'influence est diffuse plutôt que particulière. Elle se révèle dans les images de miroirs, de la mer, de bijoux, de l'eau, du froid, de l'automne, et dans l'usage ironique chez Laforgue de longs adverbes traînants, devenu depuis Baudelaire, Mallarmé et Verlaine un poncif littéraire dont Laforgue se moque dans *Préludes autobiographiques*:

Et que Jamais soit Tout, bien intrinsèquement,
Très hermétiquement, primordialement!

Comme chez tous les décadents sa méfiance de la femme, allant parfois jusqu'à la haine, est toute baudelairienne; car il ne voit dans ces suppôts de l'Inconscient que leur fonction de perpétuer la race et l'absence d'esprit d'analyse ou métaphysique. Dans sa correspondance, soit pose littéraire, soit vérité personnelle, il parle à plusieurs reprises de son dégoût de la femme et de la génération. "J'aime rester chaste," écrit-il à Charles Henry en ajoutant, indice significatif, "j'aurais été bien heureux de connaître Baudelaire et d'être son inséparable" (*O.C.* IV, p. 162). Inspiré peut-être par le goût baudelairien de la femme grêle, il demande à Henry s'il aime les gorges plates, "par goût dépravé pour les maigreurs? Les vierges de Memling vous ont-elles parfois fait rêver au Louvre?" (ibid., p. 156). Son opinion de la femme et de l'amour lui vient évidemment de Baudelaire, soit directement, soit par voie de Bourget,[8] mais elle est renforcée et transformée par ses lectures de Hartmann, de Schopenhauer et de Huysmans et par sa connaissance de la peinture préraphaélite et symboliste. Sa philosophie de la femme doit donc se lire dans le contexte de la littérature décadente, dont le refus du naturel et le culte de l'artificiel remontent au moins jusqu'à Baudelaire et à Vigny.

On sait que dans des moments de cynisme Baudelaire considérait que l'amour physique ressemblait à une opération chirurgicale. Ce n'était pas une idée passagère qu'il avait notée dans ses écrits intimes (*O.C.* I, p. 651); car elle se retrouve dans le poème en prose *Les Tentations* où Eros paraît avec "de brillants couteaux et des instruments de chirurgie" suspendus à sa ceinture, et dans *Mademoiselle Bistouri* où ce pauvre "monstre innocent" choisit de préférence parmi les médecins et les chirurgiens des hôpitaux ceux dont le tablier est taché de sang. Mais cette obsession chirurgicale n'apparaît pas dans *Les Fleurs du mal* où ce qui intéresse le poète, c'est l'idéalisme, sans doute mal dirigé et illusoire, qui se manifeste dans l'amour que souvent il décrit dans des termes religieux. Il y est certes question de l'érotisme, mais non de l'acte sexuel. Baudelaire insiste plutôt sur les déceptions sur le plan psychologique—bêtise ou indifférence de la femme, impossibilité d'établir des rapports—tandis que chez le Laforgue des *Complaintes* l'érotisme et le vocabulaire religieux sont réunis dans des évocations des plus grivoises et grinçantes de l'acte sexuel.[9] Baudelaire ne pousse pas le cynisme à cet extrême.

La contribution de Laforgue à la critique baudelairienne est justement célèbre: elle a été reconnue par tous les commentateurs. Pourtant ce n'est que dans les *Entretiens politiques et littéraires* de 1891 (avril 1891, vol. 2, no. 13) qu'on peut lire le texte intégral de ces notes que Laforgue a rédigées au début de 1885. *Mélanges posthumes* n'en publient pas la moitié, et c'est pour cette raison que, faute d'avoir pu trouver le manuscrit que Ruchon décrit[10] dans son livre sur Laforgue, nous avons cru utile de les reproduire ici en entier sans même corriger dans le texte les coquilles les plus évidentes. Nous présentons les notes dans le même ordre que dans les *Entretiens* qui est sans doute celui "à peu près arbitraire" de la description Ruchon. A cause des répétitions d'un feuillet à l'autre il nous semble impossible de reconstituer le plan de l'étude projetée. Laforgue ne semble pas avoir revu les notes, qui représentent les pensées plus ou moins disparates qu'il mettait sur le papier au fur et à mesure qu'elles lui venaient à l'esprit. Toutefois il est probable qu'il voulait commencer par une introduction mettant Baudelaire dans la même catégorie d'esprits que Nerval et, avant tout, Poe. Un tel procédé n'aurait rien d'étonnant vu la vogue et l'influence que Poe a eues grâce à Baudelaire sur les poètes de l'époque. Ainsi le premier feuillet servirait d'introduction à une étude où Laforgue voulait essayer de situer Baudelaire dans la poésie du dix-neuvième siècle. D'autres sections auraient été consacrées à l'analyse de la poésie de l'amour par opposition à celle des Romantiques, aux évocations de Paris, à sa philosophie anti-bourgeoise et anti-progressiste, aux images et au style. Imbu de l'esprit de son époque et inspiré par sa lecture des essais de Gautier et de Barbey qui avaient figuré dans l'édition posthume, Laforgue voit Baudelaire selon l'optique de la Décadence. Sa lecture du célèbre chapitre V d'*En Ménage*, d'*A Rebours* et surtout de la très pénétrante étude de Bourget dans *Essais de psychologie contemporaine* a joué un rôle aussi dans l'élaboration de sa pensée. C'est grâce à Bourget qui l'avait initié à l'orientalisme de Cazalis qu'il croit voir, à tort, dans Baudelaire un côté hindou et une préoccupation du Nirvâna, et c'est grâce à lui aussi qu'il a appris que chez Baudelaire "le mysticisme, même expulsé de l'intelligence, demeurera dans la sensation."[11] C'est en effet à ce côté concret et sensuel que Laforgue revient sans cesse dans ces notes comme à une obsession, et qui d'ailleurs constitue un des éléments les plus caractéristiques de sa poésie. Mais il n'a pas appris l'autre partie essentielle de la leçon de Bourget qui déclare que "l'intelligence de l'analyseur reste cruellement maîtresse d'elle-même" (ibid., p. 7), comme chez Constant. Il accueille le moindre frisson de la sensibilité baudelairienne, mais reste inexplicablement fermé à son exquise intelligence et à son pouvoir d'analyse. A côté donc de toutes sortes de notations très fines concernant les images, le style et la sensualité de la poésie, nous trouvons des déclarations inadmissibles telles que "les angoisses métaphysiques ne sont pas pour le toucher" et "ni grand cœur, ni grand esprit—mais quels nerfs plaintifs." Il est à croire que son obsession de l'hypocondrie et des systèmes nerveux détraqués jointe à ses propres préjugés qui ne voulaient admettre dans les "superstitions" religieuses de Baudelaire ni une véritable angoisse métaphysique, ni un principe philosophique, a aveuglé Laforgue au point de lui faire manquer un aspect fondamental de l'œuvre et de la pensée du grand poète.

Pourtant cette insouciance quant au fond philosophique et religieux lui permet de pénétrer au plein centre de l'univers poétique de Baudelaire. A lire ces notes où Laforgue revient sans cesse sur les bijoux, les métaux, les soleils mouillés et sur les images "yankee" et "américaines" des *Fleurs du mal*, nous avons l'impression d'assister aux amorces de cette critique thématique dont Jean-Pierre Richard est le pratiquant le plus expert et qui a ses racines dans la pensée critique de Baudelaire lui-même. Laforgue est sensible à la misogynie de Baudelaire, qui a des rapports avec la sienne, et à la manière dont il fait ressortir dans ses évocations de Paris à la fois l'élément particulier et l'élément général et allégorique. Mais les listes de citations ont pour raison d'être moins d'indiquer une pensée qu'une réussite concrète sur le plan de l'image. C'est dans ces notations que nous plaçons l'originalité critique de Laforgue. Il a appris chez d'autres à reconnaître le côté décadent, maudit, charlatan et peut-être même jusqu'au "mode modéré de confessional" d'un poète qui ne se voit plus dans la pose romantique de mage et de prophète. Mais il est parmi les premiers à lire Baudelaire d'un œil sympathique et à pénétrer au centre de son univers. Tout en comprenant mal ce que dans un rapprochement farfelu avec Marmeladoff il appelle "sa joie de s'abîmer, de se gâter, de se salir," grâce à sa manière de "s'unir au rythme,"[12] de l'œuvre, il perçoit au-delà des "ordures" sensuelles qui avaient travaillé les contemporains de Baudelaire sa chasteté foncière. Son oreille de poète le rend sensible au rythme, soit ondulant, soit plaintif, et son œil de poète lui fait voir ce qu'il y a d'osé dans ces images américaines, ces "comparaisons énormes" où la distance entre les deux termes de la comparaison, démesurément élargie, a pour effet à la fois de nous déconcerter et de nous "ravigotter." Ces images sont peut-être osées, elles n'en sont pas moins correctes, car Baudelaire n'est jamais vulgaire. Il n'est pas impossible qu'inspiré par ces réussites si bizarres et étonnantes Laforgue ait été encouragé à en créer de semblables dans sa propre poésie. Sans Baudelaire eût-il par exemple jamais inventé le "Blocus sentimental" et les "Messageries du Levant," ou l'image très

alambiquée du soleil dans *Le Mystère des trois cors* qui déposant
sa pontificale étole

> Lâche les écluses de Grand-Collecteur
> En mille Pactoles
> Que les plus artistes
> De nos liquoristes
> Attisent de cent fioles de vitriol oriental! . . .

Si Laforgue avait terminé son étude sur Baudelaire, elle aurait
bien pu être la réalisation sur le plan littéraire d'un projet qu'il
avait rêvé d'accomplir dans sa critique d'art. Malgré les préten-
tions de certains de ses admirateurs enthousiastes, Laforgue
n'est pas un critique d'art de la même taille que Baudelaire. Il
avait certes l'œil d'un artiste, se connaissait parfaitement en
matière de technique et avait le don dans ses descriptions de
faire vivre un tableau par les mots. Pour ces raisons sa critique
mériterait une étude bienveillante et détaillée, bien que la base
théorique en soit suspecte. Déjà en 1880 il avait "l'idée d'un
livre très travaillé comme style. Je prendrai chaque peintre qui a
créé un monde . . . Ce serait une série d'études où, par une accu-
mulation de mots (*sens* et *sonorités*) choisis, de faits, de sentiments dans la gamme d'un peintre, je *donnerai* la *sensation* du
monde créé par ce peintre" (*L.A.*, p. 22). Il est très regrettable
que cette idée n'ait jamais été menée à bien. Pourtant, ce qui
se dégage des feuillets qui suivent, c'est bien quelque chose
d'assez analogue à la *sensation* du monde créé par le grand
poète. C'est ainsi qu'il est donné au lecteur de "pénétrer intimement le tempérament"[13] de Baudelaire. Il ne saurait y avoir
hommage plus juste ni plus baudelairien.

Oxford, 1978

NOTES

1. *Essais de psychologie contemporaine*, tome I, éd. définitive, p. 20. Par contre selon Gide, la perfection classique implique "la soumission de l'individu, sa subordination, et celle du mot dans la phrase, de la phrase dans la page, de la page dans l'œuvre" (*Incidences*, 1924, p. 217).

2. *O.C.* IV, p. 66. Jean-Aubry date cette lettre de décembre 1881. Mme A. Holmes dans *The Poetic Development of Jules Laforgue*, thèse inédite de l'université de Cambridge, 1956, suggère avec plus de vraisemblance mars 1882.

3. La tentative que fait Laforgue dans *L'Art moderne en Allemagne* de réconcilier les esthétiques positiviste et idéaliste n'est guère convaincante. Voir B. Morrissette, *Les Aspects fondamentaux de l'esthétique symboliste*, pp. 105-30.

4. Il serait intéressant de comparer à ce propos ce que Baudelaire dit de la spiritualité de la ligne arabesque (*O.C.* I, p. 652) et la préférence de Laforgue pour "la ligne mille fois brisée, pétillante d'écarts imprévus" (*M.P.*, p. 176).

5. M.-J. Durry, *Jules Laforgue*, Poètes d'aujourd'hui, no. 30, p. 78.

6. Malgré plusieurs expériences dans le poème en prose, Laforgue n'y compte guère de succès, à l'exception peut-être de la *Grande Complainte de la Ville de Paris* qui est une sorte de collage dans la manière cubiste. L'influence de l'esthétique du poème en prose baudelairien se révèle davantage dans *Les Complaintes* et *Derniers Vers* que dans les tentatives, décevantes, dans le genre même. La correspondance le montre conscient des possibilités du poème en prose, mais il faut croire qu'il n'a pas eu le temps de le perfectionner.

7. Rimbaud, *O.C.* (Pléiade), 1972, p. 254.

8. Voir L.J. Austin, *Paul Bourget, sa vie et son œuvre jusqu'en 1889*, 1940, p. 44, pour l'influence de Baudelaire sur cet aspect de la poésie de Bourget.

9. Cf. surtout *Complainte des noces de Pierrot* et *Complainte du vent qui s'ennuie la nuit*.

10. Voici la description que donne Ruchon à la page 263 de *Jules Laforgue, sa vie, son œuvre*, 1924:

Les notes sur Baudelaire en comportent dix-neuf, que nous disposons dans un ordre à peu près arbitraire.

Feuillet 1: encre noire sur papier bleu glacé vergé (127mm x 203mm).

Feuillets 2-3: mine de plomb sur papier jaune pâle (108 x 170).

Feuillets 4-5-6: encre noire sur papier blanc (155 x 200).

Feuillets 7 à 12: sur même papier, mine de plomb.

Feuillets 13 à 19: mine de plomb sur papier jaune pâle (141 x 225).

Sur le feuillet 8: une tête de jeune homme, mine de plomb.

Sur le feuillet 12: un personnage lisant.

11. *Essais de psychologie contemporaine*, éd. définitive, p. 7.

12. L'expression est de Proust. Voir *A la recherche du temps perdu*, I, p. 138, où le jeune Marcel essaie de "m'unir au rythme" des aubépines.

13. Baudelaire, *O.C.* II, p. 583: "la critique doit chercher plutôt à pénétrer intimement le tempérament de chaque artiste et les mobiles qui le font agir qu'à analyser, à raconter chaque œuvre minutieusement."

BAUDELAIRE

1

hypocondrie sensuelle tournant au martyre

les consolations de l'alcool — (songer aux russes, à Marmeladoff) joie de s'abîmer, de se gâter, de se salir, et la
volupté de l'oubli des soucis. Excitant et repos à l'ou-
5 vrage (XXVII) — une exploitation littéraire comme le
jeûne (Swift) chez d'autres.

«Beau, élégant, correct (Poe, l'homme) comme le génie»
B. XVI.

le *cant* de la poésie, de la manière de Baudelaire (l'expli-
10 quer) le charme du suranné

un errant distingué de la race de Poe et de Gérard de
Nerval

«le martyrologe de la littérature» Poe sa vie, ses œuvres.
p. XX

15 l'idéal (l'aube entre en compagnie (orgie) de l'idéal rongeur) a worm that would not die.

— affolés par les révélations décourageantes et diabo-
liques de la médecine moderne; ne voyant que névrose et
finissant par y sombrer, mené à la vision de la folie quand
20 ils aiment, ou se saccagent le cerveau sous la lampe.

faire planer au-dessus de toutes ces pauvretés le Christ
russe.

pour bien le comprendre songez un instant au pôle opposé,
à l'enfant malade et christ — point créole — mais ayant
25 vraiment sondé la pensée philosophique humaine — obéissant à ses crises, pas de pose, pas maître de lui-même —
Heine

—————

2

Baudelaire

après Alfred de Vigny chaste et fataliste, Hugo apothéo-
tique, bucolique et galantin, Gauthier païen, Musset mon-
dain et collégien déclamatoire, Balzac inquisiteur mais
5 George Sand
Gavarni vignettiste
Lamartine raphaélesque
Il a montré la femme sphinx malgré elle, déshabillable,
sujet à cuisantes expériences du chercheur d'idéal chat
10 de sérail, meurtrissable «ignorante et toujours ravie»

Usant insolemment d'un pouvoir emprunté
Sans connaître jamais la loi de leur beauté.

«reine des péchés»
vil animal ou du moins avilissable —
15 —qui a de la salive» (159)

— V. Ce qu'avait déjà donné Joseph Delorme et les deux
Deschamps, et Amédée Pommier.

Le premier il se raconta sur un mode modéré de confessional et ne prit pas l'air inspiré —

20 les maisons dont la brume allonge la hauteur (261)
le brouillard sale et jaune (261)
le faubour secoué par les lourds tombereaux
le premier parla de Paris en damné quotidien de la capitale
25 les becs de gaz que tourmente le vent la Prostitution qui
s'allume dans les rues, les restaurants et leurs soupiraux
les hôpitaux, le jeu, le bois qu'on scie en bûches qui

retentissent sur le pavé des cours, et le coin du feu, et les chats, des lits, des bas, des ivrognes et des parfums de fa-
30 brication moderne,
mais cela de façon noble, lointaine, supérieure
— ses disciples ont étalé Paris comme des provinciaux ahuris d'un tour de boulevard et lassés de la tyrannie de leur brasserie

———————

3

américanisme
Dans la danse macabre g^{de} allure funèbre
et alors ce vers

Dans un trou du plafond la trompette de l'Ange

5 et 217

Cependant tout en haut de l'univers juché
Un ange sonne la victoire

qui ne détonne pas — allégorie de carton

Je hais la passion et l'esprit me fait mal

10 c.-à-d. l'éloquence, l'air inspiré,

— Le premier qui ne soit pas triomphant mais s'accuse, montre ses plaies, sa paresse, son inutilité ennuyée au milieu de ce siècle travailleur et dévoué.

— Le premier qui ait apporté dans notre littérature
15 l'ennui dans la volupté et son décor bizarre l'alcôve triste
— Et s'y complaise.

— le Fard et son extension aux ciels, aux couchants
— le Spleen et la maladie (non la Ptysie poétique mais la névrose) sans en avoir écrit une seule fois le mot —
20 — Et la damnation ici-bas.
— la $\frac{tristesse}{misère}$ du corps humain

Et toutes les hideurs de la fécondité

poète —   Enfant

Connais-tu comme moi la douleur savoureuse
25   *Et de toi fais-tu dire: «Oh! l'homme singulier!»*

Comme ils sont oisifs et enfants ils ont le temps d'avoir
peur de la mort, et s'effarent à tous ses rappels, vents des
nuits d'automne, crépuscule, sifflets des express
ils aiment à être plaints, consolés et sont tristes de tout
30   et de rien.
la vie leur passe comme Un enfant curieux et grave qui
feuillette de belles images enluminées et s'y fait des amis,
des traîtres, et de belles dames sans espoir, et les console
s'enthousiasme pour des hochets puis les brise –
35   pleure pour qu'on lui donne la lune dans un seau – et
boude dès qu'on la lui offre.

—————

[4]

bourgeois pharisaïques et bureaucrates sots, avares, ba-
vards, *sentimentaux*

médiocrité de l'or

la spiritualité anglaise presque norwégienne. Baudelaire
5   est déjà un esthète oriental –

l'idée du *sacerdotal* drapant son fantasque, son incons-
tance – la *Grâce* –

Et puis «un peu de charlatanerie est toujours permis au
génie et même ne lui messied pas» (B – préface au
10   *Corbeau*.)
l'artificiel, l'ironie, le paradoxe, l'excentrique, la volupté
d'étonner, de déconcerter, – qu'on devine déjà – la douceur trop insistante de ses regards.

Par aristocratie et dégoût de la foule qui n'acclame que
15   les poètes éloquents et soi-disant inspirés, il affirme le
travail, la patience, le calcul, la charlatanerie – l'originalité coquettement, savamment voulue travaillée – self-
same

mystique et lucide.
20   saveur esthétique

la Dalilah – *l'Eternel féminin*

le dégoût de la Démocratie et des Franklinades. (E. Poe
dans *Monos et Una*)
race des d'Aurevilly etc.
25 Un de Maistre créole et bohême et infiniment artiste —
l'homme est né pervers damné, la Civilisation c'est le
mal, mais la fleur en est enivrante, la femme est Dalilah
etc.. spleen et attente de la mort.
On sait que les pièces antichrétiennes ou athées sont un
30 jeu à l'adresse des «gobe-mouches» qui se disent matérialistes, les Voltairiens du siècle.

les angoisses métaphy. ne sont pas pour le toucher
l'épiderme de son âme est d'un autre tissu.
en se canonisant — il lui suffit de pécher, de se dire mar-
35 tyre, de flirter avec Satan, de maudire la chair et d'élever
l'encensoir de son rêve vers le grand harmoniste préexis-
tant d'un Séraphitus ou d'un Eureka — sorte de pan-
théisme-papiste
l'Idéal personnifié et personnel

40 aigri par le manque de gloire et d'argent pour vivre selon
ses rêves.

la Mort, ce n'est que ça? — Caïn et Abel — que cherchent-
ils au ciel ces aveugles — sont les pièces de Baudelaire
qui sonnent le plus creux.

45 Ni grand cœur, ni grand esprit — mais quels nerfs
plaintifs, quelles narines ouvertes à tout, quelle voix
magique.

―――――

[5]

Il a le premier trouvé après toutes les hardiesses du
romantisme ces comparaisons crues, qui soudain dans
l'harmonie d'une période mettent en passant le pied dans
le plat. — (non le charme d'une quinte) — comparaisons
5 palpables, trop premier plan, en un mot américaines
semble-t-il — palissandre, toc déconcertant et ravigottant
   La nuit s'épaississait ainsi... qu'une cloison!
      (chercher d'autres ex. ils foisonnent)
Un romantique oublié avait dit ses yeux sont deux cor-
10 beaux — Baudelaire a des litanies où il détaille les formes
de sa reine des adorées.

ta peau miroite, ta démarche — un serpent au bout
d'un bâton, ta chevelure un océan, ta tête se balance avec
la mollesse d'un jeune éléphant, ton corps se penche
15 comme un fin vaisseau qui plonge ses vergues dans l'eau,
ta salive remonte à tes dents comme un flot grossi par la
fonte des glaciers grondants — C'est l'américanisme appliqué aux comparaisons du *Cantique des Cantiques*
    son cou une tour d'ivoire, ses dents des brebis suspen-
20 dues au flanc de l'Hébron.

—————

[6]

Que les soleils sont beaux dans les chaudes soirées

Il peut être cynique, fou etc... Jamais il n'a un pli ca-
naille, un faux pli aux expressions dont il se vêt. — il est
toujours courtois avec le laid. Il se tient bien —

5 cabalistique, Albert le Grand, Faust, la pose du savoir,
des bouquins, du bénédictin, des in-folios occultes, comme
un moine et comme les femmes métaphysiqueuses de
Poe.

    concetti à la femme: charmant poignard! — O lune de
10 ma vie! Etoile de mes yeux.

Sa muse s'appelle Ligeia ou
Elle habite les vastes corridors de la maison Usher

aimé ne daigne, compris si possible, respecté il l'exige et
considéré comme une exception.

15 allure large et harmonieuse, semée çà et là de petites
crispations minutieux accès colériques, bizarres et sans
raison, — comme de menus oasis — comme des dévia-
tions de tendresses subtiles et raisonneuses et inexpli-
quées d'ivrogne.

20 I. Quel est le répertoire des subtilités de Baudelaire —

besoin d'immortalité aux amours décomposées — Nous
avons dit souvent d'impérissables choses —

Cet épigraphe: Any where out of the world.

«le kiosque» de B. (Ste Beuve) le «frisson nouveau»

25 la nouvelle sauce aux sentiments
Le bizarre toujours lumineux mais sans charge, juste
dans le domaine du charme, le self-vertige, le vertige
juste jusqu'au malaise, tournant alors en rancœur, dégoût
alcool. — il a trouvé le miaulement, le miaulement noc-
30 turne, singulier, langoureux, désespéré, exaspéré, infiniment solitaire — dans ses élévations, ces syllabes envo-
lées, extatiques, ce que les compositeurs appellent sous-
harmoniques — la strophe sonne plaintif — il a trouvé le
plaintif attirant et doucement surnaturel, vertige plaintif
35 et impondérable (harmonie du soir) — le lyrisme plaintif
— ses successeurs travaillent dans l'endolori — l'orage de sa
jeunesse et les soleils marins de ses souvenirs ont dans les
brumes des quais de la Seine détendu les cordes de sa
viole byzantine incurablement plaintive et affligée. —
40 hétéroclite jamais jusqu'au trivial. il a dramatisé et en-
richi l'alcôve.
jamais il ne se bat les flancs, jamais il n'insiste, ne
charge.
il dit «son beau corps nu» — une fois — dans une pièce
45 où ce coin de photo. est noyé étouffé dans le reste (142) —
mais c'est bien rare à lui!

— — — — —

[7]

la femme
«animal obéissant et câlin» XII
«courtisane imparfaite» 134
aimable bête comme le chat
5 amazone inhumaine 136
«Le soleil de sa nature», soleil blanc,
minéral.
sa belle ténébreuse

tes yeux illuminés ainsi que des boutiques
10 *ou des ifs flambloyants dans les fêtes publiques*

Yeux, soupiraux de ton âme —

Usent insolemment d'un éclat emprunté
Sans connaître jamais la loi de leur beauté

Toute sa philo. féminine est là — Sois charmante et tais
15 toi, tu ne peux pas savoir, tu es la damnation du juste —
«salutaire instrument» «ô reine des péchés» la Nature
se sert de toi pour pétrir un génie.

Forte comme un troupeau de démons

folle et *parée* toi qui as été envoyée par la Providence de
20 mon esprit humilié faire ton lit et ton domaine
V. les Baud. inédits (Revue internat.)
————

[8]

Son portrait:

ce long regard sournois langoureux et moqueur
ce souris fin et voluptueux
où la fatuité promène son extase.

5 *Ses yeux polis sont faits de minéraux charmants*
où l'ange inviolé se mêle au sphinx antique

Un maniaque de terminologie (Diable, Ange, Enfer, etc.
les *fleurs du mal* ne sont ni noires, ni verdâtres, ni
plombées mais *lilas*
10 le coco, le musc, le goudron, l'encens, le vin du souvenir, urnes de tristesse, encensoir, vase de tristesse,
havane, opium, élixir des bouches, caravane de désirs,
citerne des yeux, oasis des chevelures,
les vertus, les charmes, deviennent des bijoux, des bre-
15 loques, ou des pièces de vêtement.
————

[9]

bijoux.

De tes bijoux (à la Beauté) *l'Horreur n'est pas le moins charmant*
Et le meurtre, parmi tes plus chères breloques

ses yeux polis sont faits de minéraux charmants

5 *«miroiter la peau» (125)*

       polaire
          l'agathe
         dents, ongles —
       le trésor des caresses
10 les concetti de vieux galantin, d'un régence macabre, les
       coquetteries ratées, les mouches assassines,

       créole — une jeunesse en proie à l'amour vagissant

       Le premier poète qui ait fait église — chapelle
       un seul volume — une note — dogme et liturgie
15 décor — et comme conséquence dévotion des fidèles et
       hors d'ici point de salut

————

[10]

Et parfois en été quand les soleils malsains

Que les soleils marins *teignaient de mille feux*

Deviner si son cœur couve une sombre flamme
aux humides brouillards qui nagent dans ses yeux

5   *tu répands des parfums comme un soir orageux* (Delacroix)
                      un soleil sans chaleur
     Ciel chagrin

      en un soir chaud d'automne
                         caveau pluvieux

10   iles paresseuses — grottes basaltiques — rameurs —

    infinis bercements du loisir embeaumé

   la stérilité comparée comme un bijoux à un astre inutile

    la froide cruauté de ce soleil de glace

————

[11]

par anti-démocratie, haine du bourgeois imbécile, amé-
ricain, voltairien et bruyant et industriel vénal, il est
spiritualiste, onctueux, prélat parfumé, rusé, jésuite
impie, satanique, succube, douillet, créole, automnal

5 lubricités correctes
   sournois chat pontife, Borgia

correct, concis, de là énigmatique, plis droits, et le sens
de l'acier, du stérile, de l'idole
des verroteries miroirs
10 stérile — *Et toutes les hideurs de la fécondité*
(de *l'anglais*) puritain, humouriste froid, du métal, du
froid

myrrhe
péché — martyrisé
15 opium nard, encens exotique de sa jeunesse

un *Ange*. les desseins éternels. l'Esprit.

l'invocation. Soyez béni mon Dieu.
(lire entre les lignes les volumes de prose de Baudelaire)

le clandestin des vices de l'amour
20 pour lui l'ambre, le musc, le benjoin et l'encens sont de
ces parfums *corrompus, riches et triomphants*
              Qui chantent les transports de l'esprit et des sens

béatification du Poète sanctifié par ses douleurs, son cal-
vaire de la femme et de l'amour, les huées des bourgeois
25 piteux et des tribunaux.

              Mais ces inventions de nos muses tardives...

«ciels chagrins»

Pur esprit; essence (extrait); immortalité,

(Phares) le souris du Vinci. Sirène
30 On peut donner aux fleurs du mal comme épigraphe ses
4 vers sur Rembrandt,

              triste hôpital tout rempli de murmures
              Et d'un grand crucifix décoré seulement
              Où la prière en pleurs s'exhale des ordures
35   *Et d'un rayon d'hiver traversé brusquement*

En effet jamais ses soleils ne sont francs, ils sont mouillés,
plaintifs, blancs, etc! Et l'automne est sa saison.
(le *soleil*. la *nuit*, la lutte de la lumière et de l'ombre:
Rembrandt, Delacroix, la cathédrale gothique l'hôpital.
40 *l'influence de Poe*) et celle de *Gavarni* et ses chloroses,

son troupeau gazouillant femmes «adorablement minces
114) le jupon.

taciturne, avarié, oxydé,

       Glorifiait la mort avec simplicité

45   le vide de l'existence — le Temps mange la vie — l'éche-
veau du Temps. —

un peu d'alchimiste, le cloître, le sens des bijoux, (bizan-
tinisme
père de l'Eglise, l'amour des in-folios reliés en fer,
50   *Consumeraient leurs en d'austères études,*

des fioles équivoques, des joyaux obscurs, enfumés,
      là tout n'est qu'ordre et beauté

tambours voilés.

de temps en temps, de faux airs ronflants à la florentine
55   (contagion de Gautier)
         ————

              [12]

Son style — l'alexandrin à rimes plates, qui est bien la
période du prédicateur. — le préjugé du sonnet à cause
du contemporainage de Gautier — la source de ses images
est le sens du *symbolique* — l'allure solennelle, le vers
5   qui *enchasuble* en ses plis lamés de mots cassants en *té*
la pensée subtile comme un parfum, ou bien joue le flacon
de cristal taillé à facettes — miroirs
ou bien le vers houleux ondule, roulis, se pavane, qui
roule (ce mouvement qu'il aimait chez la femme balan-
10   çant sa jupe voir . . . le vers se développe avec indifférence
— le serpent au bout d'un bâton — le jeune éléphant qui
va cassant des bambous, — on appareille à toutes voiles.

le goût des épiphonèmes, des amen, des sermons
la geometrica ratione
15   vers chuchotés
              étiolé
il aime le mot charmant appliqué aux chos équivoques
      le mot plaintif

les pantoums.

20   Contribution au culte de Baudelaire

                 — — — — —

                [13]

    Baudelaire

    le premier il a rompu avec le public — Les poètes s'adres-
saient au public — répertoire humain — lui le premier
s'est dit:
5   la poésie sera chose d'initiés.
Je suis damné pour le public — Bon — Le Public n'entre
pas ici.
Et d'abord pour éloigner le bourgeois, se cuirasser d'un
peu de fumisme extérieur.
10 titres: Reversibilité, etc..

gammes d'images pour érudits des sens. ex —
«correspondances» de cauchemars.
s'envelopper d'allégories d'extra-lucide.

Et d'abord se poser comme méprisé et conspué de lui
15 (par la voix des journaux qu'il enrichit) et de sa femme
comme un lépreux
les Gaspard Hauser
tel les élus de souffrance du moyen âge qui *voyaient* et que
la foule brûlait comme sorciers.

20 aimer une Vénus noire — ou la Parisienne très-fardée
abuser de parfums introuvables pour le lecteur —
Parler de l'opium comme si on en faisait son ordinaire
se décrire un intérieur peuplé de succubes.

faire des poésies détachées — courtes — *sans sujet appré-
25 ciable* (comme les autres, lesquels faisaient un sonnet
pour raconter quelque chose poétiquement, plaider un
point, etc) mais vagues et sans raison comme un batte-
ment d'éventail éphémères et équivoques comme un maquillage qui font dire au bourgeois qui vient de lire «Et
30 après?»

Voilà la plaie — On souffre on a la folie de la croix, on
s'acharne après sa chair — et d'autre part là haut la beauté

quand même qui nous prend en pitié nous créature éphémère et tourmentée, avec ses grandes lignes, la Beauté
35 c. à d. ce qui Ne Change pas, c-à d. l'Eternité. le Silence

la Beauté C'est le Silence éternel — Tout notre tapage de
passions, de discussions, d'orages, d'art, c'est pour par le
bruit nous faire croire que *Silence n'existe pas.* Mais
quand nous retombons las, nous l'écoutons restagner de
40 partout et nous sommes plus tristes — O impuissance et
Remords.

pas assez forts pour $\frac{\text{un tapage}}{\text{une passion}}$ éternel ou pour nous
faire au Silence éternel.
Nous sommes *chrétiens* et nous avons là-bas des souve-
45 nirs helléniques Vénus et la mer aux matins, souvenirs
idéalisants.

Je voudrais...
Et que ton sang chrétien coulât à flots rythmiques
(p. 98)
Cercle vicieux:

50 jusqu'à ce qu'épuisés le $\frac{\text{Silence (la mort)}}{\text{temps, l'infini (Eternité, Espace)}}$
nous passe par dessus — comme l'océan se referme sur
un bouillonnement de navire sombré, — ou les siècles
sur une épopée comme celle de Napoléon, — ou l'espace
sur une planète morte

— — — — —

[14]

théorie du damné — du *Saturnien* (v. Verlaine)

«   *ce livre saturnien*
orgiaque et mélancolique

Tous ceux qu'il veut aimer l'observent avec crainte
5 *Ou bien, s'enhardissant de sa tranquillité*
Cherchent à qui saura lui tirer une plainte
Et font sur lui l'essai de leur férocité

4 abîmes de psychologie en 4 vers

10
Lis moi pour apprendre à m'aimer
Ame curieuse qui souffres
Et va cherchant ton paradis
Plains-moi!... Sinon, je te maudis!

Mon Dieu soyez béni qui donnez la souffrance
Comme un divin remède à nos impuretés –

15 Se martyriser pour expier ses débauches, – se débaucher
comme martyre et aliment à remords, et pour se main-
tenir en état de crucifixion – cercle vicieux, enfer.
(être singulier quand même et damné)
Ne suis-je pas un faux accord
20 *Dans la divine symphonie* (240)

Et les vagues terreurs de ces affreuses nuits
Qui compriment le cœur comme un papier qu'on froisse

Et discutant avec mon âme déjà lasse (261)

N'ouvrant à chacun qu'avec crainte
25 *Déchiffrant le malheur partout,*
Te convulsant quand l'heure tinte
Tu n'auras pas senti l'étreinte
De l'irrésistible dégoût – 291

le premier
30 des comparaisons énormes
Et dormir dans l'oubli comme un requin dans l'onde

Je suis un cimetière abhorré de la lune

– un vieux boudoir

ses yeux polis sont faits de minéraux charmants

35 ta peau miroite *comme une étoile vacillante*

ta tête d'enfant
se balance avec la mollesse
d'un jeune éléphant

ta gorge triomphante est une belle armoire

40 *Vous êtes un beau ciel d'automne clair et rose*

Comme moi n'est-tu pas un soleil automnal

— ces allégories énormes (plus fortes et autres que les bibliques «ses dents sont comme des chèvres suspendues à la colline)

45   — cela n'est pas de tradition Cantique des Cantiques ni française ni latine (ô Racine! les lisant) C'est de l'importation anglo-américaine.

le premier je crois a employé la particule superlative très avec laquelle on est arrivé à de si grands effets et qui eût 50   fait bondir un Lamartine (Hugo ne l'a lui-même guère employé qu'en charge)

il n'a jamais cette vulgarité de la plupart des poètes français jouer sur le pittoresque, sauf une fois faisant un sonnet pour cette fin
55   *le Ciel couvercle noir de la grande marmite*
        où bout l'imperceptible et vaste humanité

(on dirait de l'Ignotus)
—————

[15]

Baudelaire

Vois-tu les amoureux sur leurs grabats prospères

— le poète —
passer sa vie à ne voir que *le poétique* de la vie —
5   il ne raisonne pas. Il est un enfant en éveil, étonné, naïf — s'amusant d'un insecte, des organes de la femme, comme un enfant.
Besoin de tâter même à 40 ans.
Il ne s'instruit pas — Il butine au hasard en abeille bohème
10   et dort — rêve — devine — s'emballe — *Crédule* il vit tête baissée —

Baudelaire

donner la physionomie privée du milieu littéraire de son temps.

15 Confessions de Houssaye — Banville — Maxime du Camp
— Champfleury.

Cette noblesse immuable qui annoblit les vulgarités inté-
ressantes, captivantes — cette façon de dire — et cela sans
périphrase prude, poncive
20 cette familiarité de martyr entre les plus grands qui peut
lui faire dire

les persiennes abris des secrètes luxures

et une page plus loin:

Andromaque, je pense à vous!

25 et ajouter «*veuve d'Hector Hélas!* (si humainement —
cet Hélas! n'est ni poncif racinien ni une cheville mais
d'une subtilité touchante et grande

Et brillant aux carreaux le bric-à-brac confus

ce confus est d'un maître
30 et près d'Andromaque ce vers

à l'heure...
où la voirie
Pousse un sombre ouragan dans l'air silencieux (259)

— et puis *les cocotiers absents de la superbe Afrique*
35 tous ses élèves ont glissé dans le paroxysme dans l'horrible plat comme des carabins d'estaminets

———————

[16]

Baudelaire

Il voit tout en allégorie, de damnation pour l'humanité

Paris change, mais rien dans ma mélancolie
N'a bougé! Palais neufs, échafaudages, blocs,
5 *Vieux faubourgs, tout pour moi devient allégorie*
Et mes chers souvenirs sont plus lourds que des rocs
(259)

Prenons l'Année Terrible où le poète a saigné de ce chagrin dont Michelet eut le cœur tué.
Il y a un Prologue à la Vérité. Il faut dire la vérité.
10 Arrière les caresses. Rien que la vérité brutale — et tombe
ce vers qui tient toute une évocation d'obsédante bizarrerie

Ce n'est pas d'encensoirs que le sphinx est camus

Au milieu de ces 30 vers où passent Ezéchiel, Moïse,
Dante, l'ouragan, à propos de rien il se rappelle que les
15 sphinx sont camus. Cette face grimaçante lui apparaît —
l'obsède comme un enfant. Et alors les locutions casser
un encensoir sur le nez — etc..
Un poète. Un éternel grand enfant, triste du cirque et des
ritournelles des bals, — amoureux de la gloire et de la
20 couronne d'épines pour lui et pour ceux qu'il aime — être
intéressant! — toujours pubère bien qu'ayant surmené
ses sens de bonne heure

Dans le suaire des nuages
Je découvre un cadavre cher
25 *Et sur les célestes rivages*
Je bâtis de grands sarcophages

Il voit venir et s'en aller chaque saison avec une allégresse et une tristesse de jeune fille
Il veut se rendre intéressant devant ses contemporains —
30 comme un enfant devant les grandes personnes. Il ne vit
que de ça et pour ça — qu'il vive d'excès ou de calme
plat, — de langueur anémique et mystique — ou de bes-
tialité tout cela selon l'époque.
Ils flânent, puis par boutades suent la fièvre sur une con-
35 fidence qu'ils dentellent en lignes inégales dont chaque
mot est une capsule à roses
Il vit en dandy — Il prend son temps et le spectacle de
travail de ses contemporains par le côté dandy, — Il
s'amuse d'oripaux. Un Hugo au fond avec son énorme
40 cerveau ne vivait que pour cette seule volupté des rimes
drôles. il les collectionnait et en émaillait ses épopées et
ses cosmogonies
œdème et Enésidème
abstrus et Patrus
45 qui et Tiraboschi
cycles et besicles
Mesmer et même air

Et faire alterner des rimes! chinoiseries — et compter des
syllabes.

─────

[17]

Baudelaire

Ce grain de poésie unique où fermente toujours (même
quand les mots parlent d'autre chose) la nostalgie des
quais froids de la Seine aux rives vicieuses et mal aux
5   cheveux pour la jeunesse passée aux Indes.
    — ça lui a fait trouver une gamme d'images qui n'est ni
l'image renforcée de Hugo ni l'image déliquescente d'in-
distinct des décadents: quelque chose d'inimitable, de
sentimental

10   *des souvenirs de soleils* (v. 238)

      «en robes surannés» 239

      Et je ferai de ta paupière
      Pour abreuver mon Sahara
      Jaillir les eaux de la Souffrance 240

15   toujours ce sadisme des larmes, la manie de se dire
damné catholiquement de par son génie, malgré l'air de
flûte (simplement): «j'aime le souvenir de ces époques
nues» — et le sonnet «je laisse à Gavarni poète des
chloroses —

20   Hugo

      De Dante à Loriquet de la bouche au sphincter

Religions et religion — Quel sujet! quel entassement!
Mais tout disparaît et il est heureux de sa journée quand
il a fini sa partie IV par ces vers — hors-d'œuvre — char-
25   mants —adressé au théologien

      Et charme les rapins qui le sac sur le dos
      Et les guêtres aux pieds vont barbouillant des croûtes
      Dans les pays en juin, quand les arbres des routes
      S'agitant et se font mille signes de loin,
30   *Joyeux d'avoir peigné les charettes de foin*

            ─────

[18]

Baudelaire

chat, indou, yankee, épiscopal alchimiste

chat sa façon de dire «ma chère» dans ce morceau so-
lennel qui s'ouvre par *«Sois sage, ô ma Douleur»*

5 Yankee ses «très-» devant un adjectif
ses paysages cassants — et ce vers

    «mon esprit, tu te meus avec agilité»

que les initiés détaillent d'une voix métallique.

    Emblèmes nets» (p. 243)

10 haine de l'éloquence et des confidences poétiques.

    Le plaisir vaporeux fuira vers l'horizon
    Ains ique...

Quoi? Avant lui Hugo, Gautier etc aurait fait une comparaison française, oratoire — lui la fait yankee sans
15 parti-pris, tout en restant aérien

    Ainsi qu'une sylphide au fond de la coulisse

On voit les fils de fer et les trucs.
Il reste aérien et noble — et ne détonne pas dans le contexte si pur de tenue — en disant

20   *les tuyaux les clochers ces mâts de la cité*

(toute cette pièce est si calme noble!) plus loin le mot
«pupitre» 249
Hindou — il l'a cette poésie plus que Leconte de Lisle
avec toute son érudition et ses poèmes bourrés et aveu-
25 glants

    Des jardins, des jets d'eau pleurant dans des albâtres
    Des baisers, des oiseaux chantunt soir et matin
    — — — — —

[19]

Il connaît son Paris.

> *«là s'étalait jadis une ménagerie*
> *(258)*
> *Dans les plis sinueux des vieilles capitales*
> *Où tout même l'horreur tourne aux enchantements*
> *(264)*
5   le fracas roulant des omnibus (264)
    Frascati et Tivoli (266)
    il a feuilleté les planches d'anatomie traînant sur les quais poudreux
                         (271)
    et les *quinquets* (275)

10   *– O moine fainéant! quand saurai-je donc faire*
        Du spectacle vivant de ma triste misère
        Le travail de mes mains et l'amour de mes yeux?
                      (p. 100)

l'ange a toujours chez lui une silhouette d'huissier:

> *Gagner les suffrages des anges*
> *(233)*
15   *Un ange furieux...*
> *(car je suis ton bon ange, entends-tu!)*
> *(229.)*

    Pauvre Baudelaire!
    mort – quelle existence –
    comparée aux autres
20   Jeunes filles! vous ne saurez jamais –

– le Spleen – la sensation du Temps, le vide de l'homme de lettres que son époque dégoûte et qui est né d'ailleurs paresseux et royal.

—————

NOTES

Feuillet 1

1   Laforgue chez qui les expressions *hypocondrie* et *hypertrophie* abondent voit surtout en Baudelaire un neurasthénique et un décadent à la manière de Poe ou de certains de ses personnages tels que Roderick Usher. L'usure des nerfs et des sens qu'il constate chez lui fait que l'aventure poétique se présente sous la forme d'une expérience sensuelle. Laforgue songe sans doute à ces passages où Baudelaire évoque les "vagues terreurs de ces affreuses nuits / Qui compriment le cœur comme un papier qu'on froisse" (*Réversibilité*), ou les passages où, comme dans *Le Confiteor de l'artiste*, le poète trouve après le "Grand délice que celui de noyer son regard dans l'immensité du ciel et de la mer" que "maintenant la profondeur du ciel me consterne; sa limpidité m'exaspère."

        Pour le prestige de la maladie dans la pensée de Laforgue, voir sa lettre à Klinger de juin 1884 (*O.C.* V, p. 77): "Comment allez-vous, que faites-vous? Comment se porte monsieur votre génie? Sans doute toujours très malade, ce qui est au mieux."

2-4   La juxtaposition de l'hypocondrie et de l'alcool se trouve aussi dans *Edgar Poe, sa vie et ses œuvres* où Baudelaire parle des "accès d'hypocondrie et les crises d'ivrognerie du poète" (*O.C.* II, p. 303).

        Dans une lettre à Kahn d'avril 1885 Laforgue écrit: "Oui, j'ai lu *Tolstoï*, plus le *Crime et le Châtiment* de Dostoïewsky; je ne les relirai pas parce que naturellement ça n'est pas dans une forme intéressante en français, mais je ne les ai pas traversés sans troubles comme psychologie; ça m'a paru rudement fort" (*L.A.*, pp. 104-05).

        La référence à Marmeladoff, ce déplorable personnage de *Crime et Châtiment*, laisse quelque peu rêveur. Laforgue ne confond-il pas le masochisme de Baudelaire, sa "joie de s'abîmer" qu'on constate dans par exemple *La Géante* et même dans les poèmes de *Révolte*, avec ces "consolations de l'alcool"? Ce que Baudelaire trouve dans l'alcool, comme dans toute autre ivresse, est bien plutôt une élévation, une manière momentanée et décevante sans doute, de se purifier du temps et de l'existence. Il n'est nullement chez lui question, comme chez Marmeladoff, de se gâter et de se salir.

Par contre la référence à Poe nous semble beaucoup plus juste. Laforgue pense au passage où Baudelaire déclare que chez Poe "l'ivresse pouvait servir d'excitant aussi bien que de repos" et que "l'ivrognerie de Poe était un moyen mnémonique, une méthode de travail, méthode énergique et mortelle, mais appropriée à sa nature passionnée" (O.C. II, p. 315. Les références en chiffres romains sur ce feuillet sont à l'édition Michel Lévy des Histoires extraordinaires)–de même sans doute que Baudelaire avait "cultivé son hystérie avec jouissance et terreur" (O.C. I, p. 668).

Il est probable que Laforgue allait établir un lien entre l'hypocondrie et l'ivrognerie, toutes deux ayant la même source dans une sensibilité exaspérée.

6   Le journal de Swift le montre obsédé d'un régime de repas simples et frugaux qu'il croyait convenir à sa santé délicate. Par exemple il se refusait les pommes, qu'il adorait, les croyant responsables des accès de vertige et de nausée qui l'affligèrent toute sa vie. En réalité il souffrait de la maladie de Ménière dont les symptômes sont précisément la nausée et les vertiges (voir Journal to Stella et I. Ehrenpreis, Swift the Man, His Works and the Age, Londres, 1962 et 1967, I, p. 106, II, p. 2).

7   Tous ceux qui n'avaient pas vu Poe depuis les jours de son obscurité accoururent en foule pour contempler leur illustre compatriote. Il apparut, beau, élégant, correct comme le génie (O.C. II, p. 305).

9   Laforgue se souvient sans doute de l'usage que fait Poe de cette expression dans Eureka (Poe, Oeuvres en prose, trad. Baudelaire, Pléiade, 1951, p. 708) et plus particulièrement dans La Lettre retrouvée où il est question d'un préfet qui "raffolait du cant diplomatique" (ibid., p. 47). Il l'emploie lui-même dans la Complainte des consolations dans le sens de "langage propre à un certain monde." Baudelaire l'emploie dans le sens anglais en décrivant la mort de Poe quand "la vertu donna carrière à son cant emphatique, librement et voluptueusement" (O.C. II, p. 305).

12   La filiation Poe-Nerval s'explique par le contexte où Baudelaire soutient que la mort de Poe est "presque un suicide." La distinction que leur accorde Laforgue ressemble assez à la discrétion et au mépris dont parle Baudelaire: "il y a aujourd'hui, 26 janvier, juste un an,–quand un écrivain d'une honnêteté admirable, d'une haute intelligence, et qui fut toujours lucide, alla discrètement, sans déranger personne,–si discrètement que sa discrétion ressemblait à du mépris,–délier son âme dans la rue la plus noire qu'il pût trouver" (ibid., p. 306).

13   N'était-ce pas justice d'inscrire au-dessus des ouvrages du poète le nom de celle qui fut le soleil moral de sa vie? Il embaumera dans sa gloire le nom de la femme dont la tendresse savait panser ses plaies, et dont l'image voltigera incessamment au-dessus du martyrologe de la littérature (ibid., pp. 308-09, aussi p. 267).

Laforgue emploie l'expression martyrologe dans La Guêpe du 25 septembre 1879 (voir Debauve, Les Pages de la Guêpe, p. 140): "Ce phénomène inouï dans les annales de la littérature dramatique, qui, par parenthèse–et pour parodier un mot célèbre,–ne sont que le martyrologe des jeunes . . ."

Le mot parodié est certainement "l'histoire des rois est le martyrologe des nations" (voir Littré).

15-16   Cf. *L'Aube spirituelle* vers 1-2: "Quand chez les débauchés l'aube
blanche et vermeille / Entre en société de l'Idéal rongeur, . . ." *Morella*,
Poe, Pléiade, p. 239: "je trouvais un aliment pour une horrible pensée
dévorante,–pour un ver qui ne voulait pas mourir." Et *O.C.* II, p. 314:
"J'apprends qu'il ne buvait pas en gourmand, mais en barbare, avec une
activité et une économie de temps tout à fait américaines, comme accom-
plissant une fonction homicide, comme ayant en lui *quelque chose* à
tuer, *a worm that would not die*."

17-18   Cf. Huysmans, *A rebours*, 1947, p. 254: "Baudelaire et Poe, ces deux
esprits qu'on avait souvent appariés, à cause de leur commune poétique,
de leur inclination partagée pour l'examen des maladies mentales, diffé-
raient radicalement par les conceptions affectives qui tenaient une si
large place dans leurs œuvres."

19   Pour *mené* lire *menés*.

21   Bien que Laforgue n'en fasse aucune mention, nous serions tenté de
voir dans ce Christ russe le prince Muichkine de *L'Idiot*.

23-27   Par christ Laforgue veut dire le poète, comme dans *Complainte d'une
convalescence en mai* où les femmes prennent "leur air sec / Pour les
christs déclassés et autres gens suspects." Cf. aussi *Fantaisie* (Pia, p. 342)
où le poète est "devenu de Christ humain Christ sidéral." Pour Laforgue le christ-poète est d'abord le consolateur soit de l'humanité, soit du
cosmos orphelin, et s'apparente ainsi à celui qui "se rêvait, seul, pansant
Philoctète / Aux nuits de Lemnos" (*Complainte de la fin des journées*).
Lui-même rêvait qu'il allait "consoler Savonarole dans sa prison" (*O.C.*
IV, p. 122), et dans *Mélanges posthumes* nous lisons qu'avant "d'arriver au
renoncement, il faut souffrir au moins deux ans: jeûner, souffrir de la
continence, saigner de pitié et d'amour universel, visiter les hôpitaux,
toutes les maladies hideuses ou tristes, toutes les saletés, se pénétrer de
l'histoire générale et minutieuse . . ." (p. 11). Mais le christ est encore
plus le poète qui, tout en gardant la vision naïve de l'enfance (voir feuillet 13, ligne 17 et note sur Gaspard Hauser), n'en est pas moins allé
jusqu'au bout de la pensée, de la souffrance et de la solitude, celui dont le
cri désespéré est l'éternel *lamasabaktani* (cf. *Préludes autobiographiques*).
L'admiration de Laforgue pour Heine date d'au moins 1879. Dans
Epicuréisme, publié dans *La Guêpe* du 18 septembre 1879, nous lisons:
"Je prends / Sainte-Beuve et Théo, Banville et Baudelaire, / Leconte,
Heine, enfin, qu'aux plus grands je préfère. / 'Ce bouffon de génie,' a dit
Schopenhauer, / Qui sanglote et sourit, mais d'un sourire amer!" (Pia,
p. 319).
Nous savons par sa traduction de *Schöne, helle, goldne Sterne* (Pia,
p. 408) et de sa correspondance (*O.C.* IV, p. 77) qu'il connaissait bien
Lyrisches Intermezzo. Mais cet enfant malade et christ qui a vraiment
sondé la pensée philosophique humaine ressemble bien davantage au
Heine agonisant du *Romanzero*, et surtout du cycle *Lazarus*, où "Une
pensée vidée d'illusions et de toute vanité met à nu l'angoisse du malade
en face du néant, en face de la mort" (K. Weinberg, *Henri Heine, Romantique défroqué, Héraut du Symbolisme français*, 1954, p.157).
Laforgue met Dostoïewsky et Heine au-dessus de Baudelaire et Poe,
les croyant plus penseurs et moins artificiels et "charlatans."

Feuillet 2

3   Pour *Gauthier* lire *Gautier*.
6   Gavarni n'est pas pour Baudelaire que le "poète des chloroses"
           (*L'Idéal*, vers 5). Dans *Le Peintre de la vie moderne*, tout en le mettant
           au-dessous de Guys, il le range parmi "ces artistes exquis qui, pour n'avoir
           peint que le familier et le joli, n'en sont pas moins, à leur manière, de
           sérieux historiens" (*O.C.* II, p. 724).
8   *sphinx*: c'est-à-dire inconsciente du mystère qu'elle incarne ou inspire.
10   *Semper eadem*, vers 9.
11-12   *Tu mettrais l'univers entier dans ta ruelle*, vers 7-8. Pour *Usant* lire
           Usent.
13   *Ibid.*, vers 16.
14   *Ibid.*, vers 17.
15   *Le Poison*, vers 17: "De ta salive qui mord."
16-17   *Vie, poésies et pensées de Joseph Delorme* (1829). *Poésies d'Emile et
           d'Antoni Deschamps* (1841). *Poésies* (1842) d'Amédée Pommier. Lafor-
           gue allait distinguer la poésie de Baudelaire du mode sentimental et décla-
           matoire de ces poètes.
              Pour les rapports entre Baudelaire et Emile Deschamps, qui était venu
           à son aide lors du procès des *Fleurs du mal*, voir *Lettres à Baudelaire*, pp.
           123-34. On sait que Baudelaire détestait la poésie d'Antoni.
              Baudelaire n'estimait pas du tout la poésie de Pommier qu'il range
           parmi les pratiquants de l'art philosophique: "Bureaucrates, professeurs
           d'écriture, Amédée Pommier délire artificiel et boutiquier" (*O.C.* II, p.
           607). Pommier pour sa part, qui avait subi de Barbey un éreintement qui
           fit éclat, est l'auteur d'un article hostile aux *Fleurs du mal* et où il montre
           sa prédilection pour Lamartine: "Reportons-nous par la pensée en 1820,
           au moment où parurent les *Méditations*. Mesurons l'intervalle qu'il a fallu
           franchir pour arriver de ces *Fleurs du bien* aux *Fleurs du mal*, du *Lac* à la
           Charogne. . . . Mais si la poésie chlorotique, scrofuleuse, cacochyme,
           sénile et rabougrie de Baudelaire doit être *la poésie de l'avenir*, comme le
           prétendent quelques fanatiques, ah! mes amis, plaignons l'avenir" (A.E.
           Carter, *Baudelaire et la critique française*, p. 33).
18-19   Vivier (*L'Originalité de Baudelaire*, p. 127) trouve "exagérée" cette
           déclaration si souvent citée.
              Pour *faubour* lire *faubourg*.
20-22   *Les Sept Vieillards*, vers 6, 9 et 12.
25-29   Cf. *Le Crépuscule du soir*, vers 14, 15, 21, 23, 34, 36. *Le Jeu. Chant
           d'automne*, vers 4 et 9. *Confession*, vers 9-10. *Crépuscule du matin*, vers
           3-4. *A une mendiante rousse*, vers 17. *Le Vin des chiffonniers*, vers 5-6,
           17.

Feuillet 3

4   *Danse macabre*, vers 55.
6-7   *L'Imprévu*, vers 43-44.

9   *Sonnet d'automne*, vers 8. Cf. *L.A.*, p. 76: "Fonderons-nous un dîner de Baudelaire avec cette [sic] exergue d'entrée: *Je hais la passion et l'esprit me fait mal*. On irait communier là mensuellement sous les espèces de l'éternel opium."

10   Dès 1882 Laforgue rejette l'éloquence du *Sanglot* en faveur du ton dilettante des futures *Complaintes*. Il écrit à Henry (*O.C.* IV, pp. 163-64): "j'en [du *Sanglot*] suis dégoûté: à cette époque je voulais être éloquent, et cela me donne aujourd'hui sur les nerfs.—Faire de l'éloquence me semble si mauvais goût, si jobard!"

11-13   Laforgue voit en Baudelaire le premier "poète maudit" à la différence du poète mage ou prophète.

17   L'importance que Baudelaire attache à l'artificiel et au fard est bien connue (*Eloge du maquillage* dans *Le Peintre de la vie moderne*). On peut trouver des exemples de son extension aux ciels dans le soleil qui "s'est couvert d'un crêpe" (*Le Possédé*, vers 1) et dans les "ciels mouillés" de *L'Invitation au voyage*.

18   Pour *Ptysie* lire *phtisie*. Comme Baudelaire, Laforgue s'intéresse plutôt à la névrose qu'aux langueurs tuberculeuses du romantisme.

22   *J'aime le souvenir de ces époques nues*, vers 28.

24-25   *Le Rêve d'un curieux*, vers 1-2.

26-29   Il y a ici comme un avant-goût de certaines pièces de Laforgue, notamment des *Derniers Vers*. Il y a un sifflet de train qui effare les "petiots" dans la *Complainte-Variations sur le mot "falot," "falotte."*

31-32   Cf. *Le Voyage*, vers 1-2: "Pour l'enfant, amoureux de cartes et d'estampes, / L'univers est égal à son vaste appétit."

Feuillet 4

4   Laforgue semble vouloir établir une parenté entre les préraphaélites anglais (qu'il affectionnait) et la spiritualité "norwégienne" de *Séraphita* de Balzac d'une part, et Baudelaire de l'autre. Gautier (p. 31) avait déjà parlé de la spiritualité swedenborgienne d'*Elévation* et de *Correspondances*.

Il est malaisé de voir en Baudelaire un esthète oriental. Laforgue s'inspire ici de Bourget, qu'il appelait volontiers Lord Boudha (*L.A.*, p. 49). Cf. *Essais de psychologie contemporaine*, éd. définitive, 1901, p. 14: "Du pessimiste il a le trait fatal, le coup de foudre satanique, diraient les chrétiens: l'horreur de l'Etre, et le goût, l'appétit furieux du Néant. C'est bien chez lui le Nirvâna des Hindous retrouvé au fond des névroses modernes . . ."

Il est intéressant de remarquer la manière dont Laforgue a modifié la pensée de Bourget en ajoutant l'aspect esthétique pour rapprocher Baudelaire de lui-même.

7   Cf. Gautier, pp. 12-13: "La foi ne suffit pas: il faut le don. En littérature comme en théologie, les œuvres ne sont rien sans la Grâce."

8-10   Voir *O.C.* II, p. 343 (cité par Gautier, p. 25): "Les amateurs du *délire* seront peut-être révoltés par ces *cyniques* maximes; mais chacun en peut prendre ce qu'il voudra. Il sera toujours utile de leur montrer quels bénéfices l'art peut tirer de la délibération, et de faire voir aux gens du monde quel labeur exige cet objet de luxe qu'on nomme Poésie.

Après tout, un peu de charlatanerie est toujours permis au génie, et même ne lui messied pas. C'est, comme le fard sur les pommettes d'une femme naturellement belle, un assaisonnement nouveau pour l'esprit." Dans un projet de préface aux *Fleurs du mal* (*O.C.* I, p. 185) Baudelaire parle du "charlatanisme indispensable dans l'amalgame de l'œuvre" (cf. aussi feuillet 13, ligne 8).

17   *self-same*: Laforgue emploie cette expression anglaise dans le sens d'immuable, comme Baudelaire. Cf. "Poe était là-bas un cerveau singulièrement solitaire. Il ne croyait qu'à l'immuable, à l'éternel, au *self-same*" (*O.C.* II, p. 299).

21   Cf. Vigny, *La Colère de Samson*, vers 60, et Gautier, pp. 30 et 35 où il est fait allusion à Dalilah et à l'éternel féminin.

22   Voir *Notes nouvelles sur Edgar Poe*: "L'auteur qui, dans le *Colloque entre Monos et Una*, lâche à torrents son mépris et son dégoût sur la démocratie, le progrès et la *civilisation*, cet auteur est le même qui, pour enlever la crédulité, pour ravir la badauderie des siens, a le plus énergiquement posé la souveraineté humaine et le plus ingénieusement fabriqué les *canards* les plus flatteurs pour l'orgueil de *l'homme moderne* (*O.C.* II, p. 321). Voir aussi *ibid.*, p. 327 où il est question de Franklin "l'inventeur de la morale de comptoir, le héros d'un siècle voué à la matière."

24   Il est intéressant de noter que Barbey d'Aurevilly est cité dans ces mêmes *Notes nouvelles* (*O.C.* II, p. 326): "j'ai trouvé une fois dans un article de M. Barbey d'Aurevilly une exclamation de tristesse philosophique qui résume tout ce que je voudrais dire à ce sujet: 'Peuples civilisés qui jetez sans cesse la pierre aux sauvages, bientôt vous ne mériterez même plus d'être idolâtres!' "

Laforgue connaissait sans doute l'article de 1881 où Barbey expliquait Rollinat par Baudelaire et Poe. Les poètes modernes seraient obligés par leur haine du matérialisme contemporain de s'intéresser aux "nervosités de la nature humaine" (A.E. Carter, *Baudelaire et la critique française 1868-1917*, p. 50).

25   Cf. *O.C.* II, p. 323: "enfin, il jetait ces admirables pages: *Colloque entre Monos et Una*, qui eussent charmé et troublé l'impeccable De Maîstre."

29   Incapable de partager les préoccupations théologiques de Baudelaire, Laforgue lui-même n'aimait pas les pièces antichrétiennes (voir notre introduction, p. 80).

Quoi qu'en ait dit Warren Ramsey (*Jules Laforgue and the Ironic Inheritance*, p. 103) ce jeu à l'adresse des Voltairiens nous semble parfaitement cohérent. Il s'agit bien de "gobe-mouches" qui *se disent* matérialistes, mais qui tout de même sont profondément indignés quand ils voient les valeurs établies menacées. Ce jeu consiste à faire croire aux matérialistes que le poète se met de leur côté, tandis qu'en réalité la poésie de Baudelaire, même les pièces antichrétiennes, n'a rien de matérialiste. On est tenté de croire que Laforgue voit dans ces pièces un *canard* à la manière de Poe (voir note pour la ligne 22 de ce même feuillet).

Laforgue savait ce que Baudelaire pensait de Voltaire "*l'anti-poète*, le roi des badauds, le prince des superficiels, l'anti-artiste, le prédicateur des concierges, le père Gigogne des rédacteurs du *Siècle*" (*O.C.* I, p. 687). Laforgue connaissait certainement la note de la section *Révolte* supprimée de l'édition 1861 mais reprise en 1868: "Fidèle à son douloureux programme, l'auteur des *Fleurs du mal* a dû, en parfait comédien, façonner son esprit à tous les sophismes comme à toutes les corruptions. Cette déclaration candide n'empêchera pas sans doute les critiques honnêtes de le ranger parmi les théologiens de la populace et de l'accuser d'avoir regretté pour notre Sauveur Jésus-Christ, pour la Victime éternelle et volontaire, le rôle d'un conquérant, d'un Attila égalitaire et dévastateur. Plus d'un adressera sans doute au ciel les actions de grâces habituelles du Pharisien: 'Merci, mon Dieu, qui n'avez pas permis que je fusse semblable à ce poète infâme!' " (*O.C.* I, p. 1076)

32   Voir notre introduction, p. 89.

37-38   Nous partageons les réserves de M. Blin concernant l'expression "panthéiste-papiste," d'ailleurs assez imprécise: "J'y reprendrai seulement le besoin d'ériger Baudelaire en esthète oriental, le grief, peu fondé, de 'panthéisme papiste' et le mot de la conclusion: 'ni grand cœur, ni grand esprit' (G. Blin, *A la recherche de l'infini: Laforgue et Baudelaire*, Revue hebdomadaire, 5 novembre 1938, p. 85). Par panthéisme Laforgue entend le côté swedenborgien des correspondances, dont il ne semble pas comprendre la véritable nature. Le côté papiste se verrait dans le vocabulaire et la terminologie catholique de Baudelaire.

42-44   *Le Rêve d'un curieux*, vers 13. Pour *Caïn et Abel*, lire *Abel et Caïn*. *Les Aveugles*, vers 14.

Dans le contexte la sévérité de Laforgue ne s'explique pas aisément. Le passage suivant y jette de la lumière: "Une manière à laquelle je ne suis pas fait et qui me crispe un peu, c'est cette façon de pièce qu'on termine tout d'un coup par une interrogation qui met les pieds dans le plat. Bouchor, Mendès, Bourget, Verlaine aussi en ont. Je crois que ça date de celle de Baudelaire qui finit en: 'Avalanche, veux-tu m'emporter dans ta chute?' [*Le Goût du néant*] Il y a si peu de poésies, surtout les musicales, qui doivent se terminer par une interrogation matérielle. Si du moins l'interrogation commençait, était préparée dès le 3e avant-dernier vers comme dans Baudelaire 'ô pâle marguerite . . .' [*Sonnet d'automne*]" (*L.A.*, p. 64).

Il convient de noter que beaucoup des poèmes de Baudelaire, et parmi les plus réussis, se terminent par une interrogation, cf. *Le Mauvais Moine, Hymne à la Beauté, La Chevelure, Moesta et errabunda*, pour n'en citer que quelques-uns.

Laforgue semble avoir changé d'opinion en ce qui concerne *Abel et Caïn* (voir introduction, p. 81), qui de toutes façons ne se termine pas par une interrogation.

Feuillet 5

6   *palissandre*: Laforgue songerait-il à la 'marqueterie' dont est fait le 'kiosque' de Baudelaire (voir feuillet 6, ligne 24 et note)? Pour *ravigottant* lire *ravigotant*.

7   *Le Balcon*, vers 16.

8   Voir feuillets 3 et 14 pour d'autres exemples.

9   Nous n'avons pas pu retrouver ce romantique oublié, mais l'image (ses yeux sont deux corbeaux), par son audace et sa singularité, ressemble assez à celles du *Cantique des cantiques*, par exemple "Tes yeux sont des colombes" (*Cantique* I.15 et IV.1).

11   *Le Balcon*, vers 13.

12-17   Toutes ces images se trouvent dans *Le Serpent qui danse*.

18   En 1882 Laforgue s'intéresse beaucoup au *Cantique des cantiques*. La traduction de Bossuet avait paru dans une nouvelle édition. Il écrit à Henry: "Pendez-vous, brave Henry, vous avez laissé découvrir par un autre le *Cantique des Cantiques* de Bossuet" (*O.C.* IV, p. 142).

    Et le 18 juillet de la même année il écrit à Mme Mültzer: "Si j'étais femme, j'écrirais des vers d'amour, des variations sur le *Cantique des Cantiques* qui affoleraient Paris" (*ibid.*, p. 183).

    Cf. ses allusions ironiques aux Sulamites dans *Les Complaintes*.

    Le côté *Cantique des cantiques* dont Laforgue parle ici est bien différent des réminiscences que signalent Pichois (*O.C.* I, p. 1135) et Vivier (*L'Originalité de Baudelaire*, p. 153).

19   Ton cou est comme une tour d'ivoire (*Cantique* VII.5).

20   Laforgue cite sans doute de mémoire et confond deux versets: "Tes cheveux sont comme un troupeau de chèvres, suspendues aux flancs de la montagne de Galaad" (IV.1); "Tes dents sont comme un troupeau de brebis tondues, qui remontent de l'abreuvoir" (IV.2).

    On se demande si Laforgue connaissait la conversation entre Soliman et la reine de Saba dans le *Voyage en Orient* de Nerval, où celle-ci critique les images du roi dans le *Cantique*: "Rien n'est plus dangereux pour les nations que les métaphores des rois, reprit la reine de Saba: échappées à un style auguste, ces figures, trop hardies peut-être, trouveront plus d'imitateurs que de critiques, et vos sublimes fantaisies risqueront de fourvoyer le goût des poètes pendant dix mille ans" (*Oeuvres* II, Pléiade, 1956, pp. 524-25).

Feuillet 6

1   *Le Balcon*, vers 15.

2   Cf. Gautier, p. 40: "Parfois, nous ne craignons pas d'acheter le rare au prix du choquant, du fantasque et de l'outré. La barbarie nous va mieux que la platitude. Baudelaire a pour nous cet avantage; il peut être mauvais, mais il n'est jamais commun. Ses fautes sont originales comme ses qualités, et, là même où il déplaît, il l'a voulu ainsi, d'après une esthétique particulière et un raisonnement longtemps débattu."

5   Albert le Grand 1193-1280, théologien et philosophe, maître de
Thomas d'Aquin, il passa pour un magicien dont la sorcellerie s'appren-
drait dans des grimoires tels que les *Secrets du grand Albert* et les *Secrets
du petit Albert.*
Faust: cf. Gautier, p. 35: "Il a l'air de savoir la plus récente chronique
du sabbat, . . . Mais un docteur Faust, dans sa cellule encombrée de bouquins et d'instruments d'alchimie, aimera toujours avoir un chat pour
compagnon."

6   Dans ses lettres à Ephrussi qui préparait une grande étude sur Dürer,
Laforgue l'affuble de l'épithète *bénédictin* ou *bénédictin-dandy* (*O.C.*
IV, pp. 81, 87, 107) sans doute parce qu'il le voyait perdu dans des in-
folios et vivant dans le monde occulte évoqué par Dürer dans certaines
de ses gravures.

7-8   Cf. Gautier, p. 36: "Au-dessus de ce noir amas de maisons lépreuses,
de ce dédale infect où circulent les spectres du plaisir, de cet immonde
fourmillement de misère, de laideur et de perversités, loin, bien loin dans
l'inaltérable azur, flotte l'adorable fantôme de la Béatrix, l'idéal toujours
désiré, jamais atteint, la beauté supérieure et divine incarnée sous une
forme de femme éthérée, spiritualisée, faite de lumière, de flamme et de
parfum, une vapeur, un rêve, un reflet du monde aromal et séraphique
comme les Ligeia, les Morella, les Una, les Eléonore d'Edgar Poe et la
Seraphita-Seraphitus de Balzac, cette étonnante création."

9-10   *Le Possédé,* vers 2 et 8. *Une Charogne,* vers 39.

13   Laforgue veut dire que Baudelaire ne daigne pas être aimé, mais qu'il
voudrait être compris et qu'il exige d'être respecté et considéré comme
une exception.

21   *Une Charogne,* vers 48.

22   *Le Balcon,* vers 9.

23   *Le Spleen de Paris,* no. XLVIII.

24   Référence au fameux article (cité par Gautier, p. 14) de Sainte-Beuve
publié dans *Le Constitutionnel* du 20 janvier 1862 (repris dans les *Nouveaux Lundis,* tome I, 1863) dont nous citons le passage suivant: "M. Baudelaire a trouvé moyen de se bâtir, à l'extrémité d'une langue de terre
réputée inhabitable et par delà les confins du romantisme connu, un
kiosque bizarre, fort orné, fort tourmenté, mais coquet et mystérieux, où
on lit de l'Edgar Poë [sic], où l'on récite des sonnets exquis, où l'on
s'enivre avec le haschich pour en raisonner après, où l'on prend de l'opium
et mille drogues abominables dans des tasses d'une porcelaine achevée.
Ce singulier kiosque, fait en marqueterie, d'une originalité concertée et
composite, qui, depuis quelque temps, attire les regards à la pointe extrême du Kamtschatka romantique, j'appelle cela *la folie Baudelaire"*
(Bandy et Pichois, *Baudelaire devant ses contemporains,* pp. 186-87).

24   *frisson nouveau:* référence à la lettre de Hugo du 6 octobre 1859 où à
propos des *Sept Vieillards* et des *Petites Vieilles* Hugo écrit: "Vous allez
en avant. Vous dotez le ciel de l'art d'on ne sait quel rayon macabre.
Vous créez un frisson nouveau" (*Lettres à Baudelaire,* éd. Pichois, 1973,
p. 188). Laforgue avait pu lire cette lettre dans *Théophile Gautier par
Charles Baudelaire. Notice littéraire précédée d'une lettre par Victor
Hugo,* Poulet-Malassis et De Broise, 1859, mais elle est citée aussi par
Gautier, p. 22.

Dans l'édition de 1868 les vers 9-11 du *Cadre* se lisent: "elle noyait / Dans les baisers du satin et du linge / Son beau corps nu, plein de frissonnements, . . ." Pichois (*O.C.* I, p. 903) suggère que cette correction est de Banville qui voulait "remédier à la succession de rimes masculines." La sensibilité poétique de Laforgue a sauté sur cette imperfection qui en effet tient du cliché et de la cheville.

Feuillet 7

2	Voir *O.C.* II, p. 326: "Et la sauvagesse, à l'âme simple et enfantine, animal obéissant et câlin, se donnant tout entier et sachant qu'il n'est que la moitié d'une destinée, la déclarerons-nous inférieure à la dame américaine . . ."
3	*Remords posthume*, vers 12.
4	*Le Chat*, vers 10.
5	*Duellum*, vers 13.
6	*Une Charogne*, vers 39.
7	Cf. *Avec ses vêtements ondoyants et nacrés*, vers 9 et 12.
8	*Remords posthume*, vers 1.
9-10	*Tu mettrais l'univers entier dans ta ruelle*, vers 5-6. Pour *ou des ifs* lire *Et des ifs*.
11	*Sed non satiata*, vers 9. Cette ligne semble avoir été intercalée à tort dans une citation de *Tu mettrais l'univers . . .*
12-13	*Tu mettrais l'univers . . .* , vers 7-8. Laforgue cite mal ces vers déjà cités correctement au feuillet 2. Pour *éclat emprunté* lire *pouvoir emprunté*. Se peut-il que Laforgue ait pensé aux vers célèbres d'*Athalie*, II.5?: "Même elle avait encore cet éclat emprunté / Dont elle eut soin de peindre et d'orner son visage, . . ."
14	*Sonnet d'automne*, vers 3. Pour *tais toi* lire *tais-toi*.
16	*Tu mettrais l'univers . . .* , vers 10 et aussi vers 15-17: "Quand la nature, grande en ses desseins cachés, / De toi se sert, ô femme, ô reine des péchés, / –De toi, vil animal,–pour pétrir un génie?"
18-20	*Le Vampire*, vers 3-6: "Toi qui, forte comme un troupeau / De démons, vins, folle et parée, / De mon esprit humilié / Faire ton lit et ton domaine, . . ."
21	Des fragments inédits de Baudelaire avaient paru dans le Tome 4, première livraison, 25 septembre 1884, de la *Revue internationale* publiée à Florence sous la direction de Angelo de Gubernatis. Ce sont les mêmes inédits qui avaient été publiés par Octave Uzanne dans *Le Livre* du 10 septembre 1884, supplément 57, dont Laforgue ne fait aucune mention, bien qu'il eût l'habitude de recevoir *Le Livre* (voir *O.C.* IV, p. 41).

Laforgue pense peut-être particulièrement au passage suivant de la page 138 de *La Revue internationale*: "Une tête séduisante et belle, une tête de femme, veux-je dire, c'est une tête qui fait rêver à la fois,–mais d'une manière confuse,–de volupté et de tristesse; qui comporte une idée de mélancolie, de lassitude, même de satiété,–soit une idée contraire, c'est-à-dire une ardeur, un désir de vivre, associé avec une amertume refluante, comme venant de privation ou de désespérance. Le mystère, le regret sont aussi des caractères du Beau (voir aussi *O.C.*, I, p. 657).

Feuillet 8

2-4   *Le Masque*, vers 8-10. L'ordre des vers n'est pas le bon. Lire plutôt: "–Aussi, vois ce souris fin et voluptueux / Où la Fatuité promène son extase; / Ce long regard sournois, langoureux et moqueur;..."

5-6   *Avec ses vêtements ondoyants et nacrés*, vers 9 et 11.

8-9   Laforgue songe peut-être à une étude de Gautier publiée en 1868 (*Recueil de rapports sur les progrès des lettres*, voir A.E. Carter, *Baudelaire et la critique française 1868-1917*, p. 28): "*Les Fleurs du mal* sont en effet d'étranges fleurs . . . Elles ont les couleurs métalliques, le feuillage noir ou glauque, les calices bizarrement striés . . ." Le lilas est une des couleurs favorites de Laforgue, qui partageait peut-être l'opinion de des Esseintes que l'œil de celui "qui rêve d'idéal, qui réclame des illusions, sollicite des voiles dans le coucher, est généralement caressé par le bleu et ses dérivés, tels que le mauve, le lilas, le gris de perle, . . ." (*A rebours*, 1947, p. 20).

10-13   Les références sont à *La Chevelure*, vers 30, 34, 35, *Bénédiction*, vers 41, *Je t'adore à l'égal de la voûte nocturne*, vers 2, *Sed non satiata*, vers 2, 6, 7, 8, 9.

14-15   Cf. *Hymne à la Beauté*, vers 14-16: "De tes bijoux l'Horreur n'est pas le moins charmant, / Et le Meurtre, parmi tes plus chères breloques, / Sur ton ventre orgueilleux danse amoureusement."

Feuillet 9

2-3   *Hymne à la Beauté*, vers 14-16.

4   *Avec ses vêtements ondoyants et nacrés*, vers 9.

5   *Le Serpent qui danse*, vers 4.

6   Voir *De profundis clamavi*, vers 7, *Chant d'automne*, vers 7.

7   Voir *Le Chat*, vers 4. Pour *agathe* lire *agate*.

8   *Duellum*, vers 6-7: "Mais les dents, les ongles acérés, / Vengent bientôt l'épée et la dague traîtresse."

9   *Une nuit que j'étais près d'une affreuse Juive*, vers 9-11: "Car j'eusse avec ferveur baisé ton noble corps, / Et depuis tes pieds frais jusqu'à tes noires tresses / Déroulé le trésor des profondes caresses, . . ."

10   Cf. feuillet 6, ligne 9 et note, et feuillet 12, ligne 17 et note.

12   Cf. feuillet 17, ligne 5. Voir *Duellum*, vers 4.

13-14   Comme Flaubert qu'il enviait d'avoir emporté la gloire d'un coup (*Correspondance*, I, p. 458), Baudelaire "fait église" avec un seul volume, et dans la même année.

Feuillet 10

1   *La Géante*, vers 11.

2   *La Vie antérieure*, vers 2.

3-4   *La Géante*, vers 7-8.

5   *Hymne à la Beauté*, vers 6. (*Delacroix*) s'est déplacé et devrait se trou-
           ver à côté de la ligne 7.
6   *De profundis clamavi*, vers 5.
7   *Les Phares*, vers 31.
8   *Parfum exotique*, vers 1.
9   *Remords posthume*, vers 4.
10   *Parfum exotique*, vers 5, *La Vie antérieure*, vers 4, *La Chevelure*,
           vers 15. Pour *iles* lire *îles*.
11   *La Chevelure*, vers 25. Pour *embeaumé* lire *embaumé*.
12   *Avec ses vêtements ondoyants et nacrés*, vers 12-14. Pour *bijoux* lire
           bijou.
13   *De profundis clamavi*, vers 10.

Feuillet 11

7   *plis droits*: cf. feuillet 6, lignes 2-3. Par cette expression Laforgue veut
           indiquer la perfection et le bon goût de la poésie de Baudelaire.
10   *J'aime le souvenir de ces époques nues*, vers 28.
13-15   Cf. *Bénédiction*, vers 41: "Et je me soûlerai de nard, d'encens et de
           myrrhe."
16   un *Ange*; cf. *Bénédiction*, vers 21-28.
17   *Ibid.*, vers 57.
18   Laforgue pense peut-être ici à ce que Baudelaire dit dans ses œuvres
           critiques de la nature de l'art et surtout de la fonction du poète.
20-22   *Correspondances*, vers 9-14.
23-25   Cf. *Bénédiction*, surtout vers 29-40.
26   *J'aime le souvenir de ces époques nues*, vers 33.
27   Voir feuillet 10, ligne 7.
28   "Car j'ai de chaque chose extrait la quintessence" (*O.C.* I, p. 192).
29   *Les Phares*, vers 6.
32-35   *Ibid.*, vers 9-12.
36   Cf. *L'Invitation au voyage* et *Ciel brouillé*.
37   Cf. *L.A.*, p. 33: "Mais comme il a compris l'automne!"
39   Voir *Les Phares*.
40-41   *L'Idéal*, vers 5-6: "Je laisse à Gavarni, poète des chloroses, / Son
           troupeau gazouillant de beautés d'hôpital, . . ."
41   *Le Masque*, vers 5.
43   *avarié*: cf. *L'Idéal*, vers 2.
44   *Le Mauvais Moine*, vers 8.
45   *L'Ennemi*, vers 12.
46   *De profundis clamavi*, vers 14.
47-49   *alchimiste*: cf. feuillet 6, lignes 5-7.
           Laforgue voit du byzantinisme non seulement dans le style de Baude-
           laire, mais aussi dans son obsession avec les bijoux. Pour *bizantinisme* lire
           byzantinisme.
50   *La Beauté*, vers 11. Pour *consumeraient leurs en* lire *consumeront
           leurs jours en.*
52   *L'Invitation au voyage*, vers 13.

53   *Le Guignon*, vers 7-8: "Mon cœur, comme un tambour voilé, / Va bat-
            tant des marches funèbres."

54   L'allusion n'est pas claire. Il est tout juste possible que par "à la flo-
            rentine" Laforgue ait entendu "à la manière de Dante," et qu'il ait voulu
            faire un rapprochement entre les descriptions macabres du "pays des fan-
            tômes" que donne Gautier dans *La Comédie de la mort* et l'obsession
            baudelairienne de la mort et de la décomposition.
            Le rapprochement Dante/Baudelaire avait déjà été fait dans son arti-
            cle "justificatif," repris dans l'édition de 1868, par Edouard Thierry. Cf.
            "j'ai déjà rapproché de Mirabeau l'auteur des *Fleurs du mal*, je le rappro-
            che de Dante, et je réponds que le vieux Florentin reconnaîtrait plus
            d'une fois dans le poète français sa fougue, sa parole effrayante, ses ima-
            ges implacables et la sonorité de son vers d'airain" (*O.C.* I, p. 1188).

Feuillet 12

1-2   Le jugement de Laforgue est hâtif et injuste. L'alexandrin à rimes
            plates n'est pas si fréquent: on le trouve dans une vingtaine de pièces.
            Laforgue n'a pas lu avec attention le passage où Gautier déclare que "Les
            pièces en rimes plates sont chez lui moins nombreuses que celles divisées
            en quatrains ou en stances. Il aime l'harmonieux entre-croisement de
            rimes qui éloigne l'écho de la note touchée d'abord" (p. 43). Par contre
            le "préjugé" du sonnet, comme chez Gautier et tous les écrivains artistes,
            est partout en évidence. En somme ce que Laforgue veut dire c'est que
            la forme reste traditionnelle et peu aventureuse.

5   Cf. feuillet 18, lignes 6-9.

8-12   Voir *Avec ses vêtements ondoyants et nacrés, Le Serpent qui danse* et
            Le Beau Navire. Penserait-il aussi au passage du *Peintre de la vie moderne*
            (*O.C.* II, p. 720) où la femme "s'avance, glisse, danse, roule avec son
            poids de jupons brodés qui lui sert à la fois de piédestal et de balancier"?
            Quoi qu'il en soit, très impressionné par cette image du "roulis," il en
            cite des exemples à trois reprises.

13   L'expression "épiphonème" se trouve aussi dans la Chronique du 24
            juillet 1879 (*Pages de la Guêpe*, pp. 76 et 120). Elle indique selon Littré
            "une sorte d'exclamation sentencieuse par laquelle on termine un récit."
            Cf. *Au lecteur, L'Albatros, L'Ennemi* pour n'en citer que quelques exem-
            ples.

14   L'allusion est à la tentative de bannir, à l'instar de Poe, le hasard de
            l'art.
            Dans son essai Gautier parle de la "forme géométriquement arrêtée"
            du sonnet (p. 44), des histoires de Poe "si mathématiquement fantasti-
            ques, qui se déduisent avec des formules d'algèbre" (p. 50), et du désir de
            Baudelaire de "diriger l'inspiration par la volonté" et d' "introduire une
            sorte de mathématique infaillible dans l'art" (p. 72).

17   Pour *chos* lire *choses*. Cf. par exemple "monstre délicat" (*Au lecteur*),
            "cette froideur par où tu m'es plus belle" (*Je t'adore à l'égal de la voûte
            nocturne*), "Adorable sorcière" (*L'Irréparable*).

19   Le premier pantoum français se trouve dans les notes des *Orientales*

(1829). C'est un poème à forme fixe où deux thèmes sont développés parallèlement et où les vers deux et quatre d'une strophe sont repris dans les vers un et trois de la suivante. Prenant le terme dans un sens peu strict, Laforgue semble vouloir l'appliquer à des pièces telles que *Le Beau Navire, Harmonie du Soir*, et *L'Irréparable*.

20   Cf. *L.A.*, p. 75: "Je fais aussi une contribution au culte de Baudelaire (Charles le Grand)."

Feuillet 13

8-9   Cf. feuillet 4, lignes 8-10.

10   Autres titres pour initiés: *Correspondances, L'Héautontimorouménos, Franciscae meae laudes, Sed non satiata, Moesta et errabunda* et peut-être *Le Monstre ou le paranymphe d'une nymphe macabre*.

14   Cf. le petit poème en prose *A une heure du matin*.

15   Cf. *Bénédiction*, vers 40-56.

17   Comme beaucoup de ses contemporains Laforgue est fortement impressionné par l'histoire de Gaspard Hauser. Des fragments dans les *Entretiens politiques et littéraires* témoignent de son ambition d'écrire à la manière d'un Gaspard: "Ecrire une prose très claire, très simple (mais gardant toutes ses richesses) mais contournée non péniblement mais naïvement, du français d'africaine géniale, du français de Christ. Et y ajouter par des images hors de notre répertoire français, tout en restant directement humaines. Des images d'un Gaspard Hauser qui n'a pas fait ses classes mais a été au fond de la mort, a fait de la botanique naturelle, est familier avec les ciels et les astres, et les animaux, et les couleurs, et les rues, et les choses bonnes comme les gâteaux, le tabac, les baisers, l'amour" (*EPL*, septembre 1891, pp. 82-83).

"pour écrire mon roman: me mettre dans l'état sacré d'un Gaspard Hauser amené devant les gens, écoutant, regardant, ne parlant jamais, et le soir barbouillant avec des rictus de Christ des feuillets qu'il cache dans son traversin–'Comme tout est décousu et étrange!

Je sais pas–j'ai vu ainsi–pourquoi?–c'est sans doute ainsi que le monde va–je m'y perds–où allons-nous? *noli me tangere*–lépreux! mon cœur est avec vous' " (*EPL*, janvier 1892, p. 3).

Laforgue voit un parallèle entre la voyance de Baudelaire et celle de Hauser.

Pour les références au Christ voir feuillet 1, lignes 21-28.

24-30   Autres exemples possibles de poèmes "sans sujet appréciable": *Le Serpent qui danse, Le Balcon, Parfum exotique, Les Sept Vieillards, Tristesses de la lune*.

Cf. sa lettre à Mme Mültzer du 18 juillet 1882 (*O.C.* IV, pp. 181-82): "Votre autre pièce de vers est très bien, sauf les réserves. Elle est bien parce qu'elle n'a ni commencement, ni milieu, ni fin.

Je rêve de la poésie qui ne dise rien, mais soit des bouts de rêverie sans suite. Quand on veut dire, exposer, démontrer quelque chose, il y a la prose."

32   Laforgue se moque de ces attitudes dans *Complainte propitiatoire à l'Inconscient*: "Mourir d'un attouchement de l'Eucharistie, / S'entrer un crucifix maigre et nu dans le cœur?"

34-40	Cf. *La Beauté* et les vers suivants de *Marche funèbre pour la mort de la Terre*: "Tout est seul! nul témoin! rien ne voit, rien ne pense. / Il n'y a que le noir, le temps et le silence . . ." (Pia, p. 340).
44-45	Cf. *La Vie antérieure* et *J'aime le souvenir de ces époques nues.*
47-48	*La Muse malade*, vers 9 et 11.
49	*Cercle vicieux*: c'est-à-dire que la santé et l'innocence de l'idéal hellénique ne sont pas compatibles avec le refus chrétien de la chair et sa doctrine du péché originel.
52-53	Il y a ici des échos des *Châtiments* de Hugo et de la disparition du Léviathan dans *Pleine Mer* dans *La Légende des Siècles*.

Feuillet 14

1	Laforgue pense bien entendu aux *Poèmes saturniens* de Verlaine, qu'il admirait, publiés en 1866.
2-3	*Epigraphe pour un livre condamné*, vers 3-4.
4-7	*Bénédiction*, vers 29-32.
9-12	*Epigraphe pour un livre condamné*, vers 11-14. Pour *va* lire *vas*. Les quatre abîmes de psychologie sont l'accord équivoque entre Baudelaire et le lecteur, le rapport entre la curiosité et la souffrance, la recherche du paradis et la réversibilité de l'amour et de la haine.
13-14	*Bénédiction*, vers 57-58. Laforgue cite mal. Lire "Soyez béni, mon Dieu qui donnez la souffrance."
15-18	Ces observations doivent se lire avec les remarques de Laforgue concernant les Russes et Marmeladoff (feuillet 1).
19-20	*L'Héautontimorouménos*, vers 13-14.
21-22	*Réversibilité*, vers 3-4.
23	*Les Sept Vieillards*, vers 11.
24-28	*Madrigal triste*, vers 31-35. Pour *291* lire *221*.
31	*Le Mort joyeux*, vers 4.
32	LXXVI *Spleen*, vers 8.
33	*Ibid.*, vers 11.
34	*Avec ses vêtements ondoyants et nacrés*, vers 9.
35	*Le Serpent qui danse*, vers 1-4: "Que j'aime voir, chère indolente, / De ton corps si beau, / Comme une étoffe vacillante, / Miroiter la peau!" Laforgue cite mal. Pour *étoile* lire *étoffe*.
36-38	*Ibid.*, vers 22-24.
39	*Le Beau Navire*, vers 18.
40	*Causerie*, vers 1.
41	*Sonnet d'automne*, vers 13. Pour *n'est-tu pas* lire *n'es-tu pas*.
42	Cf. feuillet 5, lignes 19-20.
48	L'emploi par Baudelaire de *très* est remarquable non seulement parce qu'il remplace *fort*, *bien* ou *tout*, devenus depuis légèrement archaïques, mais aussi, nous semble-t-il, parce que l'adjectif qu'il intensifie ne qualifie aucun substantif, comme dans XLII, vers 3: "A la très-belle, à la très-bonne, à la très-chère." Laforgue trouve "Yankee ses très devant un adjectif" (feuillet 18, ligne 5). Penserait-il aussi à des expressions telles que "pinceau très-vanté" (*Le Cadre*, vers 2) condamnées au 18e siècle qui ne permettait pas qu'on

mette *très* avec un participe passé? Voir Dupré, *Encyclopédie du bon français dans l'usage contemporain*, 1972, tome III, p. 2584. L'usage qu'en fait Laforgue lui-même est autrement audacieux. Cf. *Complainte d'un autre dimanche*, "C'était un très-au vent d'octobre paysage."

55-56   *Le Couvercle*, vers 13-14.

57   Ignotus: pseudonyme de Félix Platel, auteur des *Portraits d'Ignotus*, Paris 1878, et journaliste au *Figaro* où il avait une colonne tous les mercredis. Nous donnons comme exemple de son style "pittoresque" cet extrait de *Jeunes Paroles* publiées dans la *Revue internationale* de Genève, vol. I, p. 5: "Eh oui! ce monde-ci est une grande misère; l'humanité est une réunion de pauvres diables; depuis plus de 4000 ans les fils d'Eve vivent et meurent dans la prose comme les canards dans la boue. Les historiens, les hommes d'Etat, les batailles et les révolutions s'efforcent de donner de la grandeur à nos petitesses; parfois ils réussissent, mais bientôt l'humanité reprend sa figure rachytique et courbée comme un point d'interrogation et notre planète, ignorante d'où elle vient et où elle va, court dans les tourbillons de Descartes comme une lune morte."

Feuillet 15

2   *La Lune offensée*, vers 5.

5   Laforgue reconnaît l'importance de l'enfance et de la naïveté chez Baudelaire. Par contre, à cause peut-être de ses préjugés d'agnostique, il méconnaît son intelligence et son esprit d'analyse.

6   Laforgue pense peut-être à *La Géante* et au petit poème en prose *Les Vocations*.

15-16   Voir A. Houssaye, *Les Confessions 1830-1880*, Paris 1885. Banville, *Mes Souvenirs*, 1882. Maxime du Camp, *Souvenirs littéraires*, 1882-83. Champfleury, *Souvenirs et portraits de jeunesse*, 1872.

22   *Le Soleil*, vers 2. Pour *abris* lire *abri*.

24   *Le Cygne*, vers 1.

25   *Ibid.*, vers 40.

28   *Ibid.*, vers 12.

31-33   *Ibid.*, vers 14-16.

34   *Ibid.*, vers 43.

Feuillet 16

3-6   *Le Cygne*, vers 29-32.

8   Déjà fortement ébranlé par la défaite de Sedan, Michelet est frappé d'apoplexie en apprenant l'écrasement de la Commune le 22 mai 1871.

11   *L'Année terrible, Prologue*, vers 30. Hugo adapte l'expression populaire—"Casser le nez à quelqu'un à coups d'encensoir"—qui veut dire flatter excessivement.

Laforgue lui-même emploie l'expression dans la *Chronique parisienne* du 19 juin 1879: "Un brevet de compétence, au contraire, à qui donne à propos le petit coup d'encensoir dont la fumée chatouille si agréablement le nerf olfactif" (*Les Pages de la Guêpe*, p. 109).

Laforgue avait dû apprécier la même expression dans *Sonnet posthume* de Corbière: "On cassera ton nez d'un coup d'encensoir, / Doux fumet! . . pour la trogne en fleur, pleine de moelle / D'un sacristain trèsbien, avec son éteignoir."

21-22   Cf. le commentaire de Henri Peyre (*Connaissance de Baudelaire*, p. 164): "Ces dernières affirmations, sans doute, forcent un peu la chasteté des *Fleurs du mal*, où quelques pièces sont tout de même d'un érotisme assez précis. Mais ces notes témoignent dans l'ensemble d'une volonté, fort originale chez le tout jeune Laforgue, de réagir contre les sots préjugés de ses aînés et contemporains, alors aveuglés par la prétendue obscénité baudelairienne."

Dans un projet de préface pour *Les Fleurs du mal* Baudelaire avait été tenté d'expliquer cette chasteté au lecteur: "Chaste comme le papier, sobre comme l'eau, porté à la dévotion comme une communiante, inoffensif comme une victime, il ne me déplairait pas de passer pour un débauché, un ivrogne, un impie et un assassin" (*O.C.* I, p. 185).

23-26   *Alchimie de la douleur*, vers 11-14.

39   Pour *oripaux* lire *oripeaux*.

43-47   Ces rimes se trouvent dans les vers 93-96, 111-12, 565-66 et 1299-1300 de *L'Ane*: "Hier dans la phtisie et demain dans l'œdème, / J'ai tout accepté, Lulle, Erasme, Oenésidème, / Les pesants, les légers, les simples, les abstrus, / Les Pelletiers pas plus bêtes que les Patrus, // J'allais je ne sais où suivant je ne sais qui; / J'ai pratiqué Glycas, Suidas, Tiraboschi, // Au grand centre de l'ombre? avec quelles besicles, / Docteur, regardes-tu les formidables cycles? // Que dans quelque insondable abîme le même air / Qui soulevait Elie ait emporté Mesmer."

Laforgue aurait pu citer dans le même poème *ça* et *Sancho Pança* (1239-40) et *lord Ross* et *rhinocéros* (1267-68).

Laforgue apprécie les rares, selon lui, moments spirituels où Corbière donne en rime à un mot poétique un mot vulgaire. Il cite les exemples suivants: *coquelicot* et *calicot, pastille du sérail* et *ail, paradis* et *radis, Espagnole* et *Batignolles* (*Entretiens politiques et littéraires*, juillet 1891, vol. 16, p. 10).

48-49   Laforgue veut ici encore une fois souligner ce qu'il y a d'artificiel et de "charlatan" dans l'entreprise poétique, même d'un Hugo. Cf. feuillet 4, ligne 8 et note.

Feuillet 17

5   Cf. feuillets 1, 9 et 11 où il est question du côté "créole" de Baudelaire.

7   L'allusion est à l'esthétique de la "méprise" et de "l'imprécis" si chère aux Décadents et dont *Les Déliquescenses* d'Adoré Floupette sont la parodie géniale.

10   *Plaintes d'un Icare*, vers 8.

11   *Recueillement*, vers 10.

12-14	*L'Héautontimorouménos*, vers 4-6.
15	Le sadisme du Pierrot laforguien n'est qu'un jeu à côté de celui de Baudelaire qui relève de la révolte du poète exaspéré contre l'impudeur et l'inconscience de la chair trop naturelle.
16-17	Cf. le "cercle vicieux" du feuillet 13.
17	V vers 1.
18	*L'Idéal*, vers 5.
21	Hugo, *L'Ane*, VI, vers 1388.
26-30	*Religions et religion, Querelles* IV, vers 288-92. Pour *S'agitant* lire *s'agitent*.

Feuillet 18

2	Pour *indou* lire *hindou*. Voir feuillet 4, ligne 4 et note.
3	*Recueillement*, vers 14.
5	Cf. feuillet 14, ligne 48.
7	*Elévation*, vers 5.
9	*L'Irrémédiable*, vers 29.
11-12	*L'Horloge*, vers 5. Pour *Ains ique* lire *Ainsi que*.
16	*Ibid.*, vers 6.
20	*Paysage*, vers 7.
22	*Ibid.*, vers 22. Pour *249* lire *250*.
23	Le côté hindou de Baudelaire se trouverait selon Laforgue dans son pessimisme et dans sa résignation. Il n'a évidemment rien de l'exotisme oriental de Leconte de Lisle, ni de sa vigueur.
26-27	*Ibid.*, vers 18-19. Pour *des albâtres* lire *les albâtres*, et pour *chantunt* lire *chantant*.

Feuillet 19

2	*Le Cygne*, vers 13.
3-4	*Les Petites Vieilles*, vers 1-2.
5	*Ibid.*, vers 10.
6	*Ibid.*, vers 37 et 40.
7	Cf. *Le Squelette laboureur*, vers 1-2.
9	*Le Jeu*, vers 10.
10-12	*Le Mauvais Moine*, vers 12-14.
14	Laforgue cite mal le dernier vers de *La Rançon*. Pour *Gagner* lire *Gagnent*.
15-16	*Le Rebelle*, vers 1 et 4.
20	Cette exclamation trahit la principale obsession de Laforgue dans *Les Complaintes* et les *Derniers Vers*.
21	Laforgue a raison de voir que l'expérience du temps chez Baudelaire se situe dans la *sensation*.

FRENCH FORUM MONOGRAPHS

1. Karolyn Waterson
   Molière et l'autorité: Structures sociales, structures comiques. 1976.
2. Donna Kuizenga
   Narrative Strategies in *La Princesse de Clèves*. 1976.
3. Ian J. Winter
   Montaigne's Self-Portrait and Its Influence in France, 1580-1630. 1976.
4. Judith G. Miller
   Theater and Revolution in France since 1968. 1977.
5. Raymond C. La Charité, ed.
   O un amy! Essays on Montaigne in Honor of Donald M. Frame. 1977.
6. Rupert T. Pickens
   The Welsh Knight: Paradoxicality in Chrétien's *Conte del Graal*. 1977.
7. Carol Clark
   The Web of Metaphor: Studies in the Imagery of Montaigne's *Essais*. 1978.
8. Donald Maddox
   Structure and Sacring: The Systematic Kingdom in Chrétien's *Erec et Enide*. 1978.
9. Betty J. Davis
   The Storytellers in Marguerite de Navarre's *Heptaméron*. 1978.
10. Laurence M. Porter
    The Renaissance of the Lyric in French Romanticism: Elegy, "Poëme" and Ode. 1978.
11. Bruce R. Leslie
    Ronsard's Successful Epic Venture: The Epyllion. 1979.
12. Michelle A. Freeman
    The Poetics of *Translatio Studii* and *Conjointure*: Chrétien de Troyes's *Cligés*. 1979.
13. Robert T. Corum, Jr.
    Other Worlds and Other Seas: Art and Vision in Saint-Amant's Nature Poetry. 1979.

14. Marcel Muller
Préfiguration et structure romanesque dans *A la recherche du temps perdu* (avec un inédit de Marcel Proust). 1979.
15. Ross Chambers
Meaning and Meaningfulness: Studies in the Analysis and Interpretation of Texts. 1979.
16. Lois Oppenheim
Intentionality and Intersubjectivity: A Phenomenological Study of Butor's *La Modification*. 1980.
17. Matilda T. Bruckner
Narrative Invention in Twelfth-Century French Romance: The Convention of Hospitality (1160-1200). 1980.
18. Gérard Defaux
Molière, ou les métamorphoses du comique: De la comédie morale au triomphe de la folie. 1980.
19. Raymond C. La Charité
Recreation, Reflection, and Re-Creation: Perspectives on Rabelais's *Pantagruel*. 1980.
20. Jules Brody
Du style à la pensée: Trois études sur les *Caractères* de La Bruyère. 1980.
21. Lawrence D. Kritzman
Destruction/Découverte: Le Fonctionnement de la rhétorique dans les *Essais* de Montaigne. 1980.
22. Minnette Grunmann-Gaudet and Robin F. Jones, eds.
The Nature of Medieval Narrative. 1980.
23. J.A. Hiddleston
Essai sur Laforgue et les *Derniers Vers* suivi de Laforgue et Baudelaire. 1980.

French Forum, Publishers, Inc.
P.O. Box 5108, Lexington, Kentucky 40505

Publishers of *French Forum*, a journal of literary criticism